なぜ、旭兄弟と出会うと、奇跡が起きるのか？

牧内美智代 + 旭大助（旭兄弟）

今日の話題社

なぜ、旭兄弟と出会うと、奇跡が起きるのか?

推薦のことば

牧内茂（医学博士・元世界医師会副会長）

旭太郎、旭大助兄弟は多くの難病患者や悩める人々を救っている。
彼ら兄弟と出会い奇跡とも呼べる回復を遂げた人もたくさんいる。
私も、彼ら兄弟になんども命を救ってもらった。
また、彼ら兄弟の起こす奇跡を体感した沢山の方々と会い話を聞き、本も書いた。
だが、そのことを言うと、彼ら兄弟は
〔奇跡が起きたのは、本人のもつ治癒力再生力が復活向上したからです。僕らはそれを呼び起こしサポートしているだけです〕
〔念（想う力）で治癒力再生力を引き出したり、本人に適した治癒力再生力を

高める日常生活のすごし方をアドバイスしているだけです〕

と謙遜する。

また、彼ら兄弟はこうも言う。

〔人間はたくさんの細胞の集合体です。摩訶不思議な表現で恐縮ですが、ひとつひとつの細胞は意思と念をもっています。病気になるとその細胞は治す意思を失い、陰の念になっていると解釈しています。その細胞に治す意思と陽の念を吹き込み、治す意思と治す力をもたせる。そんな意識で日々取り組んでいます〕

私が、彼ら兄弟を賞賛するのは、彼らの考え方に人間として医学者として共感するからである。自分たちの能力に驕らず、あくまでも謙虚に、信念を貫く彼らの姿勢に。

まえがき

牧内美智代

私の父は永年にわたり、医師として医学に従事してまいりました。その間、世界医師会の副会長など、多くの名誉ある職務を賜り、医師として悔いのない人生を過ごしておりました。

その父が平成八年、八十一歳のときに転倒し、左大腿骨を骨折しました。さらに平成九年には右大腿骨を、二年後の平成十一年には再び左大腿骨を骨折し、担当医師からは歩くことも立ちあがることも不可能と宣告されてしまったのです。

こうして車椅子での生活を余儀なくされてから、一年半が経過しました。もちろんこの間、父は立ちあがることすらできませんでした。

ところが、平成十二年に旭兄弟と出会ったことで、なんと父が歩けるようになったのです。私には、この「奇跡」とも言える出来事に驚き、感動したことが、今でも昨日のことのように鮮明に思いだされます。

いいえ、なんといっても一番驚き、感動したのは父自身でした。医師である父は、骨折の部位や程度を当然ながら熟知しており、やはり歩行は不可能だろうと、自己診断していたからです。

「医学の常識を超えた出来事」に感動した父は、この奇跡を世の中の人々に知って頂きたいと思い、『霊視の威力』を出版いたしました。さらに、旭兄弟の活躍の一部を紹介した『驚天動地』も続いて出版いたしました。

父は今年で九十二歳になりましたが、散歩も毎日欠かさずしており、旭兄弟とも親しくお付き合いをさせて頂いております。そんな関係で、兄弟の日々の活躍や彼らによって起こる数々の奇跡を、この目で実際に見てきました。

医師である父が旭兄弟を絶賛するのは、彼らが起こす奇跡だけではなく、むしろその理論にこそあります。

旭兄弟の理論は、簡単に言うと次のようなものです。

〔治癒力・再生力を高めることにより、末期癌や難病も克服できる〕
〔人の細胞は意思をもっている。だから、細胞に治癒する意思をもたせること
が重要〕
〔治癒力・再生力を高めることにより、医学的な治療効果も著しく向上する〕
〔治癒力・再生力の向上は、肉体的な病気や精神的な病気を問わず、すべての
病気回復に対応できる〕

彼らがそれを見事に実践し、数多くの実績を残していること、さらに人々の治癒力・再生力を向上させる見事なまでの手法には、まさに驚きを禁じえません。しかも彼らは、相手一人ひとりによって、その手法まで違えるのです。聞けば、その人に合った手法が、自然と頭に浮かぶのだとか——。

まさに、「天に愛され、天より力を授かった兄弟」といえるでしょう。

また、彼らの「霊の理論」にもすばらしさを感じます。

テレビや出版物では、毎日のように「霊や前世」のことが報じられていますが、正直私は、そのどれにも納得できない人間のひとりです。もちろん、霊や摩訶不

思議な現象は世の中にあるのでしょう。でも、その理論にはたくさんの矛盾が感じられます。ところが旭兄弟の理論は、私のみならず、医師である父が、心から納得できるものでした。

そこで、そんな父の勧めもあって、旭兄弟の活躍と彼らの霊の理論を本にしたいと決意した次第です。

たとえば、こんな「奇跡」があります。

〈度重なる骨折により歩行不可能になった父を歩けるようにしてくれた奇跡〉

〈生まれながらに手足が動かなかった女の子を回復させ、一般の幼稚園に通えるまでにした奇跡〉

〈幼児性脳腫瘍で現代医学が治療をあきらめた男の子を回復させた奇跡〉

〈事故により指三本を切断し、医師より回復は絶望と言われた男の子を回復させた奇跡〉

もちろんこれらは、旭兄弟が起こした数多くの「奇跡」のうちのほんの一部にすぎませんが、本書の前半では私が、これらの「奇跡」を、読者のみなさんにご紹介させていただきます。

また、本書の後半では、先天的・突発的・精神的な病気、あるいは事故などをテーマ別にまとめ、人間がもつ治癒力・再生力の凄さと、それを呼び起こす旭兄弟の凄さを、彼ら自身の言葉で解説されていくことになると思います。

旭兄弟の「霊の理論」と「治癒力・再生力を呼び起こす手法」には深いつながりがあり、この理論なくしては、この手法も存在しません。

いずれも、これまでの定説を覆し、だれもが心から納得のできるすばらしい理論です。

そしてこの本が、難病や末期癌などで苦しむ多くの方々にとって、自らの治癒力・再生力と奇跡の可能性を認識し、「生きる心」「治す心」をもち、病魔克服を実践するための一助になれたなら、このうえない幸いに思います。

なぜ、旭兄弟と出会うと、奇跡が起きるのか？

目次

第一部　治癒力・再生力を呼び起こす奇跡

第一部のはじめに

旭大助

私たち兄弟は、これまでに多くの難病の方、非情な余命宣告を受けた方、あるいは悩める方と接してきました。

そしてそのなかで、まさに「奇跡」といえるような数々の回復を体感してきました。

しかしそれは、私たち兄弟が治したのではありません。その人がもつ治癒力・再生力が治したのです。

私たち兄弟は、あくまでも治癒力・再生力を向上させるためのサポート、いわばお手伝いをしたにすぎません。

このことは、何を置いても最初にお断りしておきたいと思います。

たとえば十年ほど前に、イギリスの科学雑誌「ネイチャー」で、ある実験結果が発表されました。それは、このようなものでした。

まず、同一条件下で二組の水や花を育てます。ただし、一組には罵声を浴びせ、もう一組は逆に褒め称えるのです。そして、それぞれの成長具合を観察する、という実験でした。

結果はどうなったでしょう? 現代科学の「常識」でいえば、「差」など出ようはずもありません。ところが――罵声を浴びせた水や花は短期間で腐ったり枯れたりしたのに対し、褒め称えた水や花は長期間枯れず、腐らずを保ったのです。

なんとも不思議な現象に思えるかもしれませんが、これこそがまさに念（想う力）の力なのです。そして念は、想像を絶する強力なパワーをもっています。なぜなら、地球上のすべての生き物は念（想う力）をもっているからです。

すべての生き物は、念（想う力）に影響されています。それも、個体ひとつにひとつの念ではありません。たとえば人間は、六十兆もの細胞で形成されていますが、その細胞のひとつひとつもまた、それぞれの意思と念をもっているのです。

「ネイチャー」誌の実験は、まさにそのことを証明したというわけです。

この実験からもおわかりのように、パワーの源泉そのものは、あくまでも植物側にあります。声をかけた「実験者」にはないのです。

ただし――勘違いしないでほしいことがひとつ、あります。私たちは、現代科学と医学を否定するものではありません。

近年の医学の進歩は目ざましく、実際にほとんどの病気が治ります。ただ、なかには本人の治癒力・再生力が著しく低下している人もいて、治療や投薬の効果を体が吸収できず、苦しむことがあるのです。

そんなときに、本人の治癒力・再生力が向上すれば、医学による治療効果も向上し、多くの方々が苦しみから解放されることになります。そしてこの治癒力・再生力の低下の原因は、病んだ細胞が治癒・再生する意思や力を失ってしまったから起こるものなのです。

そこで、細胞に自ら治るという意思をもたせ、また治る力をもたせること――それこそが、病を治す治癒力・再生力の基礎となっていくわけです。

治癒力・再生力を向上させるのは、決して難しいことではありません。

私たち兄弟は、細胞に意思をもたせる方法として、いくつかの手法を用いています。

まず、不具合が生じた細胞に、治癒・再生する意思をもたせるように念じ、念(想う力)を注ぎこむこと。

また、病んだ人は、自覚症状があるなしにかかわらず、心が極度に疲労しているケースが多く、この心の疲労が細胞の心(意思)にも悪影響を及ぼしがちです。

たとえば病んでいると、何をしても、何に触れても楽しくないと思いがちになりますが、それは大きな間違いなのです。なぜなら、どんなときでも必ず、その人に合った楽しいことや、心が高揚することは存在しているからです。

それを見つけだし、心の高揚を促すことも、私たちの重要な手法のひとつになります。

このふたつが合体し、楽しみを感じ、心が高揚したときには、細胞は自らの体を治す意思をもち、目覚しい回復が始まるのです。

いずれにせよ、病気を治す力は自らがもっているのです。そのことだけは、絶対に忘れてはなりません。

治癒力・再生力を呼び起こす奇跡

牧内美智代

まえがきで私は、父の度重なる骨折や、それを旭兄弟が歩けるようにしてくれたことを簡単に紹介いたしました。その経緯は、父が『霊視の威力』や『驚天動地』の名で出版した本のなかで詳しく書かれております。旭兄弟を知るうえでも、読者の皆さんにはぜひお読みになってほしいと思います。

そこで今回は、この本で紹介したケース以外の、不思議な出来事を中心に紹介していくことにしましょう。

奇跡の真実（1）命を奪う陰の念を取払う念パワー――父の主治医は旭兄弟だ

陰の念の恐ろしさ

そもそも父は、これまでに何度も命の危機を迎えたことがあるのですが、なぜかいつも不思議な現象が起きて、早めに異変を察知することができ、救われているのです。

「何か様子がおかしいな」と、どこか勘のようなものが私に働いて旭兄弟に電話すると、「大変なことになっています」とあわてて飛んできてくださったり、反対にこちらが何も気づいていないときでも、おふたりから「注意したほうがいい」とお電話をいただくこともあります。

たとえば平成十二年のことです。親類の家に泊まりに行って、帰ろうと玄関に立った父は、その場に尻餅をつくように腰を下ろしたきり、まったく動けなくなってしまいました。

どんなに「歩きましょう」と言っても、手をつないで手助けしようとしても、一歩も歩けないのです。しかたなくもう一晩、その家に泊まることになりました。ところが、次の日になっても父は、まったく歩けそうにありません。

とはいえ、それ以上親類に迷惑をかけるわけにはいきません。私はようやくの思いで父を近くのホテルに連れていくと、知り合いのヘルパーさんにきてもらうように連絡を取りました。そして、旭兄弟の事務所に電話をしたのです。

太郎さんは、その場でさっそくスキャニング（霊視）してくださったのですが、いきなり「二〇一三って何ですか？」とおっしゃるのです。そういう数字の映像が見えたというのです。最初は、私にも意味がわかりませんでしたが、実は父のいる部屋のナンバーが「三一〇二」でした。この数字が、フリップのように流れて逆から見えたのでしょう。これは不吉な知らせだ、と太郎さんはすぐにホテルにきてくださることになりました。

さて、到着するなり太郎さんは、「ホテルの入り口で、複数の白い着物を着た人たちが、牧内先生をお迎えにきているのが見えた」とおっしゃいます。

そのお迎えの人たちの陰の念に父が吸いこまれそうになっている、というのです。太郎さんは即座に父に陽の念を送ってくださり、陰の念に吸いこまれそうになっていたのを断ち切ってくれました。

詳しくは本書の後半で語られることになると思いますが、この「陰の念どうしは引き合い、陽の念と陰の念は反発する」というのは、旭兄弟独特の理論であり、手法なのです。

実際、父はみるみる気力がもどり、血色も良くなり、異常な数値を示していた血圧も正常値に戻りました。

ちなみに、そのときに泊まった親類の家は、ずっと以前に亡くなった兄が住んでいたことのある家でした。きっと兄が、私が旭兄弟に相談するようにと、わざと父に尻餅をつかせて歩けなくしたのだろうと思いました。

医者の娘である私が、このように一見、非論理的な解釈を平然とできるのも、旭兄弟の奇跡ともいえる数多くの出来事を体感しているからなのです。

突然襲いかかる陰の念

こんなこともありました。

平成十三年、梅雨の雨が三日間続いて、女神湖はこの季節とは思えないほど気温が下がり、まるで冬に逆戻りしたような気候でした。

朝、いつも通りに起床した父は、紅茶と朝食のパンを一口食べたとたん、急に吐き気をもよおし、顔色が真っ青になってしまいました。すぐに脈をとると、明らかに乱れています。ベッドに寝かせると、気丈な父は朦朧とする意識のなかで、私に治療の指示を与えました。その通りに措置を施すと、さすがに六十年近くも医者をしていただけのことはあります。父は少しずつ、落ち着きを取り戻してきました。

ところが、もう一度父の脈をとろうとしたとき、突然、今度は私の意識が朦朧としはじめ、まるで何かに吸いこまれるかのように意識が遠のいていったのです。

「このままではいけない。このままでは死んでしまう」――そう思って懸命に気力を振り絞ったのですが、どうにもなりません。と、そのとき、電話が猛烈な音量で鳴りはじめました。いえ、もしかすると音量はいつもと同じだったのかもしれません。でも私にはそれが、大音響に感じられたのです。

そして幸いにも、この電話の音で意識が戻り、受話器をとることができました。

電話は旭太郎さんからでした。

「美智代さん、大丈夫ですか？　実は、先生の住まいで急激な陰の念の流れを感じたので、お電話したんです」

なんということでしょう。こんな私の異変を、遠くで感じ取ってくれていたというのです。私がしどろもどろに事情を説明をすると、「すぐに行くから、その間、香を焚いて安静にしていてください」と言われました。

一時間後、到着した太郎さんは、父と私に、何やらつぶやきながら念を注入してくれました。不思議なことに、見る見るうちに脈も気分も戻っていくではありませんか。

父も私も急に便意をもよおし、恥ずかしいお話ですが、いまにも漏れそうな状態でトイレに飛びこみました。まさに「駆けこんだ」というのが正直な表現です。すると、それまでに見たことも体験したこともないようなまっ黒な便が、大量に出たのです。それは父も同様でした。

ちなみに、私も父も健康のために、毎日欠かさず腸内洗浄を行っています。なのに、こんな便が出るなんて、とても信じられませんでした。

「原因はわかりませんが、先生が陰の念に包まれて、脈をとっていた美智代さんもその念を吸いこんだために、具合が悪くなったようです」

と、太郎さんは説明してくれました。もちろん、医学的・科学的な解釈では、まったく違う見解になるのかもしれません。でも、私にとっては、これもまた念の恐ろしさを改めて体験した出来事となりました。父も「たとえ医学者であっても、オールマイティーに考えることが大切」と、感動していました。

寿命を最大限に生かす秘訣

実は私は、父の実子ではなく養女です。そして私の実母もまた、旭太郎さんに救われたひとりなのです。父が書いた『霊視の威力』から、母のことなどを紹介したいと思います。

少し長くなりますが、父の著書からそのまま引用してみましょう。

＊

私の命をたびたび救ってくれた太郎さん、私は尊敬と親しみをこめて「太郎ちゃん」と呼んでいる。折りを見ては遊びにきてくれた太郎ちゃんが、あるときこんな事を言った。

「先生には三人の中国人の念が憑いていて見守ってくれてますよ」

最初は何のことか、さっぱりわからなかった。

しかしその夜、「三人の中国人」が私の脳裏にはっきりと浮かびあがってきた。それは第二次世界大戦中の満州での出来事だった。

当時、日本軍はスパイの容疑者を摘発していたが、ある日、私の助手を勤めていた三人の中国人に嫌疑がふりかかったのである。彼らに待っているのは死罪だけである。私は彼らが無罪であることを確認すると、すぐ上官に直訴した。

下手をすれば自分も同罪である。私は必死だった。

上官に対して彼らの立場を理路整然と説明し、無実を主張して助命をしたのだが、その結果、上官は熱意と執拗さに根負けしたのか、私の主張を認めてくれたのである。やがて日本は敗戦を迎えることになった。

戦勝国と敗戦国の立場は逆転したものの、彼ら三人の中国人は、命を救ってくれた恩を忘れることなく、祖国に帰る復員船に乗り込んだ私に、涙を流しながらいつまでも手を振り続けていた。

自分でさえ忘却の彼方に追いやっていた過去を、太郎ちゃんが知るはずがない。なぜそれが太郎ちゃんにわかるのであろうか。

ある日こんなこともあった。太郎ちゃんが私の部屋でくつろいでいた時の事だ。

「先生、今、この部屋の中を鳥の念が飛んでいますよ。みんなの周りを飛び回って、とても喜んでいる様子です」

「あ、今、美智代さんの肩あたりにいますよ」

数日前に女神湖のほとりを散歩していた時、スズメオジロ科のアオジが道端で死んでいるのをみつけた。とても珍しい鳥であり、人目に付きやすい場所に死骸をさらすのは可哀想と思い、私と美智代で穴を掘って丁重に葬ってあげたのだ。

「太郎ちゃん、どんな鳥がここにきてるの」

私は尋ねてみた。

「え～と、くちばしの下がすこし黄色っぽく、背中に黒の縞があり……」

まさに、私が葬ったアオジだ。

「……とても嬉しそうですよ」

みんなが笑った。私も、今どこを舞っているのかわからない小鳥に心の中で合掌した。太郎ちゃんといるときには、こうした会話がいつも交わされる。

太郎ちゃんは自分の霊力を誇示したりひけらかしたりしているのではなく、「この様な自分がいるから、安心して暮らしてください」と言っているのだ。

言葉の威力は恐ろしい。なにげなく使った言葉が知らず知らずのうちに相手を傷つけたり、命まで奪ってしまう事がある。それだけに慎重にならなければならないのだが、太郎ちゃんには淀みがない。

このなにげない太郎ちゃんの言葉や仕草は、医療の道を歩んできた私にとって、健康を回復させるための、とても大切なファクターなのだ。そして今、医学界でその必要性が大いに叫ばれている究極のメンタルケアではないかと思う。

私は太郎ちゃんに助けられながら、健康の回復に挑んでいる。世をはかなんでいた一年前が嘘のようである。

このような平静なときを迎えるのには、ひとつの山を乗り越えねばならなかった。平成十三年、年初に思わぬことが起こったのである。

美智代のお母さんの持病が再発し、危篤状態に陥ってしまったのだ。

今年で九十歳のお母さん。体のどこここに異常を訴えたとしても不思議ではない年齢である。

そのお母さんの容態が突然悪化したため、隣接する佐久市内の病院に緊急入院したのである。病名は肺水腫と心臓肥大であった。

肺水腫とは肺に水が溜まる病気である。原因は心臓疾患によるものがほとんどだが、高血圧症や弁膜症の可能性もなくはない。そのため、不用意に水を抜けば、相当な打撃を与えかねない。九十歳の年齢を考えれば回復は不可能で、医師であった私には死期が近い事が推察できた。担当の医者もおなじ見解だった。

美智代には、もはや太郎ちゃんに相談する以外方法がない。

山地の冬は凍てつく。その寒風のなか、太郎ちゃんは、いつもどおり屈託のない笑顔で病院にやってきた。

太郎ちゃんは「美智代さん大丈夫です。安心してください。おばあちゃんはまだまだ長生きしますよ」「今夜、おばあちゃんに念を送り込みますので、明日になれば大丈夫です」という。太郎ちゃんの力を信じきっているとはいえ、どこがどう大丈夫なのか見当がつかない。しかし、安堵の気持ちに包まれていた。

次の日の朝になった。当然の結果といえばそれまでだが、私は内心で驚倒した。お母さんの肺の水はすべて引き、心臓は本来の大きさに戻っていた。この結果をどう判断すればよいか、元医師としての経験からしても、これは奇跡以外のなにものでもない。私は平静を装いながら、小首を傾げる医師たちの姿を想像して微笑んだ。

太郎ちゃんは興味深い説明をしてくれた。

「人間の寿命は一本の線と考えがちだが、それは違う。一本の線の終盤は面をなしていて、その面の範囲なら寿命を延ばすことができる」

というのである。つまり、寿命を一本の線と考えてはいけないということだ。線の終わりにある点が寿命の終焉ではなく、あくまで寿命の範囲の入り口にすぎない。この寿命の範囲のなかなら、その人のもつ治癒力再生力に念の力で息吹を与える事さえできれば延命できる。それは自然界の現象と同じで、少しでも生命の息吹ともいえる芽や根が残っていれば、蘇生可能なのだという。

私なりに解釈すれば、これは人間の心に対する可能性を示唆していると思われる。つまり、「生きたい」という欲求があるかぎり、寿命をまっとうするまで生きることができるということである。逆に、その希望が失われると、寿命半ばにして生命をたつことになるのだが、その心の部分に、現代医療は触れることができない。

＊

いかがでしょうか。これが、私の母に起こった出来事です。そういえば太郎さん大助さんの兄弟は、よくこう話されます。

「念とは生き物の発するエネルギーです。霊とは生前の想いのエネルギーです。これを感じ、操るのが、俗にいうヒーラーです。

しかし、本来それは、人間であればだれもがもっていた能力なのです。その能力が何千年という長い年月のなかで退化し、人間は大脳だけに支配されてしまって、治癒力も再生力も退化しつつあるのです。

でも、その代わりに人間は、医学というすばらしい武器を手に入れました。

この医学に、人間本来の治癒力・再生力が加われば、さらに多くの病気を治すことができるのです。また、霊とは何か、念とは何かを理解することで、霊に翻弄されることもなくなり、多くの苦しみを霧散できるようになるでしょう」

これはまさに、今までの霊能者にはなかった解釈です。残念なことに私には、どちらが真実なのか、その根拠を示すことはできません。でも、旭兄弟が起こした数多くの奇跡を体感した以上、私も父も、旭兄弟の理論こそが真実だと確信しています。

奇跡の真実（2）子供の難病で苦しむ家族を救った透視の威力

太郎さん大助さんの旭兄弟は、治癒力・再生力の向上を促す方法として、自然環境をたいへん重視しています。

そんな彼らが、もっともすぐれた場所として着目しているのが、私と父が暮らす女神湖周辺です。女神湖は標高千五百メートルに位置しているのですが、この標高も治癒・再生にはたいへん重要な要素なのだそうです。

父と私は、女神湖畔にあるホテルの一室を購入して現在も暮らしております。そんな関係で、兄弟は難病や重症の人たちをこの地に招き、ホテルを拠点にして自然環境のよさを取り入れた治癒・再生を促しています。

そんなある日、太郎さんがこんなことをいいました。

「美智代さん、知り合いが訪ねてきてくれているから、部屋でお茶を御馳走してくれませんか?」

そして、大木茂子さんの御家族を連れてきたのです。父も私も、一緒にお茶を飲みながら彼らの話に加わりました。

茂子さん御夫妻もまた、兄弟の透視能力と手法に感銘を受け、驚かされた家族です。ここでは、その奇跡を紹介したいと思います。

わが子に見つかった難病

大木茂子さんは結婚して二年目。御主人はやさしく家庭思いで、御主人の御両親も彼女を娘のように可愛がってくれていました。こうして何ひとつとして不満のない、幸せな結婚生活を肌で感じていたのです。

あと、必要なのは子供だけ――そんなふうに思っていた茂子さんは、ついに待望の妊娠をしました。母親としてわが子にオッパイをあげるのが夢だっただけに、心から幸せに包まれていました。

ところが――。

安定期に入り、病院の定期健診を受けた茂子さんは、医師から耳を疑うようなことを聞かされたのです。

「お子さんには、心臓に疾患が認められます。おそらく、生まれてから手術が必要となるでしょう」

茂子さんは動揺し、家に戻ると夫に、涙ながらに報告しました。するとご主人は、「早く病気が見つかってよかったじゃないか。悪いところがあるなら、治せばいいいんだ」といってくれたのです。彼女はこの言葉に救われ、勇気が湧いてきたといいます。と同時に、心の奥底から母親になる実感を覚えました。

平成十三年十一月、茂子さんは女の子を出産しました。少し未熟児でしたが、見た目には健康そのもので、心臓の疾患は先生の間違いではないか、とまで思ったそうです。もしそうでなかったとしても、半年後に予定されている心臓手術は間違いなく成功すると確信しました。名前も、御主人から一字をもらって「優里」と命名しました。

やがて、病院を退院してしばらくしたころ、優里ちゃんが、他の子よりもあまり手足を動かさないことに気づきました。何かおかしいなとは思ったのですが、発育には個人差があるので、あまり気にしないように心がけていました。

そして病院での精密検査の結果――優里ちゃんは純型肺動脈閉鎖症という、右心室が小さくて機能しない難病だということが判明。しかも、耳もほとんど聴こえていないと診断されたのです。

もちろんショックはありました。でも、「優里の病気は必ず治る」という、信念にも近い決意が茂子さんにはあったそうです。そのため、自分でも不思議なくらいに冷静でいられたといい、生後半年で一回目の手術が行われました。

手術自体は成功でした。でも、二年後か三年後に二回目の手術を行って、そこで初めて完全な成功かどうかの判断ができる、というのが医師の見解です。それでも茂子さんの「治る」という信念は揺らぎませんでした。

それよりも気になったのは、懸念していた手足の機能の遅れでした。ハイハイはおろか、動かすこともままならなかったのです。耳は聞こえない、難病の心臓病はある……さらに夫の親類の心ない言葉が、彼女の心を深く傷つけました。

「ウチの家系には、こんな……は、いない!」

あまりにもひどい言葉に、ふだんは温厚な御主人も激怒し、今にも殴りかかりそうだったそうです。彼女自身、このときほど娘と一緒に死んでしまいたい、と思ったことはありませんでした。

それでも、夫の献身的協力と愛情に支えられながら生活していたある日のこと、夫が興奮して帰ってきました。

「うちの社長の病気を治した霊能者を社長が紹介してくれたから、来週、優里を連れて行こう」

彼女は、霊の存在はおろか、霊能者の力などまるで信じていなかったそうです。だからふだんなら、即座に拒否したことでしょう。それなのになぜかこのときは、夫の勢いに押されたのか、何の抵抗もなく一緒に行くことにしたのだそうです。

最初の二日間の奇跡

こうして平成十四年六月二十一日、彼女たちは旭太郎さんのもとを訪ねました。

茂子さんが、優里ちゃんのそれまでの経過や状況——心臓疾患のこと、手足が動かないこと、耳が聴こえないこと——について説明すると、太郎さんはしばらく優里ちゃんに見入っていたそうです。そして力強く、こういったのです。

「大丈夫です。完全に治ります」

茂子さんが耳を疑ったことは、いうまでもありません。なにしろ一年以上も病院に通ったにもかかわらず、治る兆候さえ見られなかったのですから。しかも、さらに太郎さんは、こう言葉をつなげました。

「優里ちゃんの治癒力・再生力の源は、腸にあります。ですから、腸の機能を改善し、向上させれば治りますよ」

言葉も出ない茂子さんに、太郎さんはさらに続けます。

「こんなインチキ臭いところにきて、しかも高いお金を払って……もったいないと思うでしょう？　だったら、せっかく払ったお金が無駄にならないように、二か月間だけ、私を信じて指導を継続してください。そして、その間にもしも回復の兆しが見えたなら、今度こそ本当に私を信じてください」

それは、とても自信に満ちた言葉だったといいます。

太郎さんの指導は、「百パーセントの野菜ジュースにプロポリスの液体を少量まぜて、哺乳ビンで空腹時に一日二回、飲ませること。昼は、若葉の杜仲茶の粉末を水に溶かして飲ませること」――たったそれだけでした。

また、太郎さんは、こんなこともいったそうです。

「優里ちゃんの髪の毛を少し切って、預からせてください。摩訶不思議な話のようで恐縮ですが、人の想う心は強力な念を生みます。念の力で、優里ちゃんの細胞に語りかけたいと思います」

「病院での治療は大切ですよ。医師の指示通りに行ってください」

「いいと思われることはすべてやりましょう。その結果、治ればいいんですから。だれが治したかなんていうことは、問題ではありません」

するとその翌々日から、もうはっきりとした効果が顕れてきました。それまで言葉に力がなく、眼の輝きも鈍かった優里ちゃんが、言葉に力が入り、眼も輝きはじめ、呼びかけに反応するようになったのです。

たった二日間での急激な変化に、茂子さんは喜びも忘れ、驚きを感じていたといいます。すごい、優里は治る、私の考えは間違っていなかった――そう思った彼女は、夫に「私は人を観る目がある」と自慢していました。

手術も成功して

それから約一か月半後の八月一日、彼女は再び、太郎さんのもとを訪れました。優里ちゃんの体調がよいこともあって、二回目の手術が九月十七日に早まったのです。それは「グレン手術」といって、心臓の血管をつなぐたいへんな手術でしたが、医師も「こんなに体調がよいのなら……」と思いきって決断したのだそうです。

本当に手術を受けてもいいものかという相談に、太郎さんの答えは明確でした。

「大丈夫です。ぼくが見守っています」

その言葉どおり、手術は成功し、経過も医師が驚くほど順調でした。

茂子さんは、それからは月に一度は太郎さんのもとを訪ねるようになりました。平成十五年五月二十日には、太郎さんは優里ちゃんの手足をなでながら、「優里ちゃんは誕生日の……十一月までには歩けるようになりますよ」とおっしゃったそうです。

茂子さんと御主人は、嬉しさのあまり、奇声に近い大声を出してしまいました。

それまでの奇跡的な回復を目のあたりにしてきた茂子さん御夫妻には、旭兄弟を疑う気持ちなど、もう微塵もなかったのです。

その半年前には、優里ちゃんの耳も聴こえるようになっていました。

そして、誕生日を待ちわびていた十月十八日。優里ちゃんが、座卓テーブルに添え立ちをしました。狂喜乱舞とはこのことかと思うほど、興奮して震えが止まらなかった茂子さんは、すぐに太郎さんに電話をしました。

「転ぶことを心配して、あまり補助をしすぎないようにしてください。それと、怪我をしないように、家具すべてにクッションをつけること」

と、ここでも太郎さんからは、細かい指導があったそうです。

優里ちゃんは、その翌日には伝い歩きができるようになり、誕生日にはよちよちながら歩けるようになりました。

その奇跡の日から二年が経過すると、優里ちゃんは、さすがに同じ歳の子供と比較すると運動機能こそ落ちるものの、生活には何の支障もなく元気にすごせるようになったといいます。

平成十七年八月七日には、幼稚園入園についても相談しました。

運動機能が低い優里ちゃんを一般の幼稚園に入園させることは、いじめの対象になるのではないかと、養護の幼稚園入園について相談したのだそうです。

ところが太郎さんは、「そんなことはいわず、一般の幼稚園に行かせてください。お住まいの近郊にあるすべての幼稚園のパンフレットをもってきてくれれば、優里ちゃんに合った幼稚園を選びます。一般の幼稚園に行くことで、優里ちゃんの治癒力・再生力は飛躍的に向上されるはずです」というではありませんか。

もちろん御夫婦も、本音では一般の幼稚園に行かせたかったので、大感激でした。太郎さんのお墨付きがあるのならと、二日後にはパンフレットを集めてきたそうです。

そのなかから選ばれたのは、ごくふつうの公立の幼稚園でした。

太郎さんはパンフレットに手をかざし、「ここの園長さんは、とても理解があって、快く受け入れてくれます。保母の先生方も皆さんやさしくて、園児たちからも素直な念を感じます。ここに申しこんでください。その際には園長先生に、包み隠さず優里ちゃんのすべてをお話ししてください」といいました。

その言葉どおり、園長先生は快く入園を許可。無事に入園することができた優里ちゃんは、太郎さんの予言どおり、いじめにあうこともなく元気に遊び、他の園児たちと、なんら遜色のない楽しい日々をすごしているそうです。

このように、太郎さん大助さんの旭兄弟のすごさは、その人その人にぴったり合った治癒力・再生力向上の方法を、的確に見抜いていく力にあるのです。

透視能力なのか、霊視能力なのか、それとも何か別の力なのか……私には、なんと表現すればいいのかわかりません。でも、その的確さにはまさに驚愕するばかりです。

そういえば昔、父の知り合いの医者にも、それに近い能力をもった人がいたそうです。

父がいうには、それは決して不思議なことなどではなく、昆虫や動物が異常現象を予知して避難行動をとるように、予知や見抜く力を備えた人がいることのほうがむしろ自然なのだ――そうですが。

奇跡の真実（3）驚異の霊視と念パワー——余命宣告を覆す治癒再生の力

幼児性脳腫瘍、なかでも神経膠腫《こうしゅ》と呼ばれる、脳そのものから発生する悪性の腫瘍はたいへん恐ろしい病気です。

増殖が急激であり、他の組織に転移しやすく摘出がたいへん困難で、治療方法としては放射線療法や化学療法が行われます。再発率も高く、部位によっては再発した場合の治療方法さえ確立されておらず、死を覚悟しなければならないケースもあります。

そんな恐ろしい幼児性神経膠腫（グリオーマ）を発症、一時は放射線治療で難を逃れたものの、二年後に再発し、治療方法はないという非情な宣告を受けた十二歳の少年が、あるとき旭兄弟のもとを訪れてきました。

ここでは、独特の「治癒力・再生力向上方法」をもちい、わずか六か月で難病の幼児性神経膠腫を完治させた旭兄弟の弟、旭大助さんの奇跡の記録を紹介します。

群馬県のA市に住む堀内義孝さんは、三代続く養豚業を営んでいます。四十二歳の若さで、三代目社長として家業も繁栄させ、地域の人望も厚く、養豚業界でも一目置かれている、という人物でした。美人で心やさしい奥さん、長男、次男、長女と三人の子どもにも恵まれ、順風満帆な日々をすごしていたのです。

そんな堀内さんに悲劇がおしよせたのは、平成十六年八月のことでした。

夏休みになったら行こうと子どもたちと約束していた、藤岡市にあるサファリパークに出かけた帰りです。長男の孝輝くんが突然、吐き気をもよおし、嘔吐しはじめたのです。このときはまだ、お父さんもお母さんも、「一日中、日差しの強いなかで遊んでいたので、疲れか、車酔いだろう」と、簡単に考えていました。

ところが家に戻っても、吐き気は一向におさまりません。それどころか、夜になると手足が少し痙攣しはじめました。さすがに救急車を呼ぼうかと迷いましたが、しばらくすると痙攣は少しおさまってきたので、その夜は安静にして寝かせることにしたのです。

「もしかすると、食あたりかもしれない」と、夫婦で話し合いましたが、いずれにせよ、明日、病院に連れていこうという結論に落ち着きました。

翌朝、A市にある病院で診察を受けたところ、担当の医師は怪訝な表情で、「脳神経に異常があるかもしれないので、前橋市の総合病院へ行って精密検査を受けるように」と、紹介状を手渡してくるではありませんか。

さすがに、不安が押し寄せてきます。それでもその足で、総合病院へ向かいました。そして長時間におよぶ検査の結果は――幼児性脳腫瘍。しかも、脳そのものから発生する、「神経膠腫」と呼ばれる悪性の腫瘍でした。

医師の説明は、こうです。

「良性の腫瘍であれば手術で摘出できるのですが、孝輝くんの場合、悪性の腫瘍で、しかも、たいへん難しい部位に腫瘍があり、手術による摘出は困難です。放射線治療しか方法はありません」

愕然とした御夫妻の、「孝輝は助かるでしょうか？」という問いに、医師はこう答えました。

「もちろん、可能性はあります。神経膠腫は進行が早く、転移しやすいので、御両親の同意があれば、すぐにでも治療を開始したい」

こうして孝輝くんへの放射線治療が始まりました。その結果、幸いにも悪性の腫瘍は消えたのですが……安堵する堀内御夫妻に、医師からこんな説明がありました。

「幸いなことに、腫瘍はなくなりました。しかし、悪性の幼児性脳腫瘍の場合、本当に恐ろしいのは再発なんです。このまま十八歳まで再発しなければ大丈夫ですが、もしも再発したら、そのときには治療方法はありません。ですから、くれぐれも日々の暮らしには留意するようにしてください」

それは、身の毛もよだつような恐ろしい宣言でした。そしてこのときから、堀内御夫妻の「ほんとうの苦しみが始まった」のです。

「治療方法はない」と宣告され

とにかく、毎日が不安の連続だったそうです。神様など信じていなかったふたりが、毎日朝晩、仏壇と神棚に手を合わせ、再発しないように祈りました。願い事がかなうと評判の神社やお寺があると聞けば、どんな遠くにでも出かけていきました。とにかく孝輝が十八歳になるまでは――と願いつづけたのです。

ところが、そんな願いもむなしく、不安は現実になります。

孝輝くんが小学校六年生になったばかりの平成十八年四月、再発が判明したのです。

腫瘍の大きさは五センチ。頭部の右側が、広範囲にわたって炎症を起こしていました。

「治療方法はありません。もって一年くらいでしょう」――医師からの非情な余命宣告に、奥さんは泣き崩れ、堀内さん御夫婦は涙に暮れました。

しかし、泣いているだけでは何も解決しません。御夫妻は失意の気持ちを奮いたたせ、「医療がだめなら、どんなことをしてでも自分たちで治そう」と決意したたのです。

自然療法、サプリメント、気功、整体、霊能者、占い師、寺社仏閣と、日本全国を訪ね歩き、ありとあらゆることを試しました。

ある霊能者には、「生き物を殺す仕事が原因だ。豚の怨念を取り払わなければ、病気は治らない」と、家業を否定されたこともあったそうです。怒りに全身が震えましたが、息子さんのためだと、霊能者の言うがままに祈祷をしてもらいました。

しかし、何をやっても症状は快方に向かいません。月に一度の病院の検査でも、腫瘍は徐々に大きくなっていったのです。

「それでも、絶対に諦めることだけはしませんでした。親が諦めたら、必死でがんばっている孝輝に申し訳ないですから」

何があっても、御夫妻の気持ちは微塵も揺らがなかったといいます。

とはいえ、さすがにそのころになると、孝輝くんは医師の予想通り、運動麻痺、知覚麻痺、平衡感覚障害といった症状がひどくなってきました。

そして再発から五か月が経過した九月のこと。友人から「愛知県に有名な女性霊能者がいる。その人を訪ねてみたらどうか？」と言われたのです。

ところが訪ねてみると女性霊能者は、意外な言葉を口にしました

「残念ですが、私には治せません。もしも治せるとしたら……東京の旭兄弟しかいないでしょう」

さらに彼女は、「以前、自分の信者さんも彼らに難病を治してもらいました。彼らは若いけど、すごい力をもっています。もし、あなたがよければ紹介しますよ」と言い、その場で旭事務所に電話をかけてくれたのです。

電話に出たのは、旭大助さんでした。彼女が事情を説明すると、大助さんは「東京まできていただくと子どもさんの負担になるので、来週、私が群馬までお伺いします」と言ってくれました。

大助先生との出会い

約束の日、いてもたってもいられず、玄関の外で待っていた堀内さん御夫妻の

前に、真っ白なベンツが停まりました。降りてきたのは、旭大助さん。濃紺の上下の背広、ピンクのワイシャツ、グッチのネクタイ——そのファッションと凛々しく端正な顔立ちに、一瞬、「だれだろう？　もしかするとホストかな？」などと思ったそうです。

「堀内様ですか、はじめまして。旭大助です」

イメージとはまったく違って、しかも若い！　そうとうに面食らったようですが、その爽やかさに、むしろ信頼の気持ちが増したといいます。やがて、大助さんの霊視（透視）が始まりました。

「まず、日常生活から改善してください。そうですね、食生活から言いますので、メモしてください。主食は玄米にして、一口で百回は噛むつもりで。おかずは、白身の魚、小魚、青魚、小エビ、根菜類などを多く摂るように。できるだけ肉は避けること。食べるのであれば豚肉、鶏肉……」

まるでマシンガンのように、次から次へと言葉が飛びだしてきます。

「暇があれば、無糖のガムを噛むこと。噛むことによって、唾液から抗がん物質が分泌されることを感じます」

「体を冷やさないこと」

「睡眠は十分にとること。特に午後十時から午前二時の間の睡眠は重要です」

「便をたくさん出すこと。杜仲露を飲んでください」

「朝、夕にお風呂に入ること」

「次に、治癒力・再生力を高める方法をお伝えします」

「東京まできていただくのは、孝輝君の体に負担がかかります。私がこちらまでお伺いして、孝輝君の悪い細胞（腫瘍部分）に治る意思をもたせるよう、定期的に念を注入しますから」

「長野は十二月から雪が降ります。十二月から四月までは、月に十日間、スキーをしましょう。孝輝君の治癒力・再生力向上の源は、スキーにあると感じます」

それまで数多くの「自称」霊能者に相談してきた堀内御夫妻でしたが、さすがにこんなことを言う霊能者は初めてでした。もちろん、びっくりしたのですが、半面、これまでにない信頼感を覚えたといいます。また、肝心の孝輝くんも嬉しそうでした。そこで、迷うことなくお願いすることになったのです。

さらに大助さんは、こんなことも言いました。

「お住まいの地域に、歴史的な『陰の念』を感じます。土地に結界を張って、念の影響を受けないようにしておきましょう」

「お医者様のところには毎月きちんと行って、定期的に検査をしてもらってください。また、このことも包み隠さずお話ししてください」

「とにかく、悪いと思われることはすべて排除し、よいと思われることはすべて取り入れていきましょう。何よりも大切なのは、治ることなんです。だれが治したかなど、問題ではありません」

最後の言葉を受けたころには、御夫妻はもう、すっかり大助さんの「ファン」になっていました。

これが最後の望みだ、すべて大助先生に託そう――それが家族の総意、一致した答えになりました。そして奇跡が、まさにこの日から始まったのです。

そして奇跡がはじまった

それから大助さんは週に一度、堀内家を訪れるようになりました。

孝輝くんを寝かせ、何かをつぶやきながら、前頭部、後頭部、側頭部と手のひらをあてて、およそ一時間あまり念を入れるのです。

「罵声を浴びせた水や花はすぐに腐って枯れる。でも、褒め称えた水や花は、長い間腐らずに枯れない」――と、あのイギリスの科学雑誌「ネイチャー」で発表された論文の話をしながらです。

また大助さんは、「水も花もそれぞれの意思をもっています」「人の細胞も、それぞれ個々の意思をもっています」「孝輝くんの腫瘍になった細胞に、念の力で治る意思をもつように語りかけているのです」と、笑顔で話してくれたといいます。

確かにその言葉どおり、大助さんが念を入れるようになってから、孝輝くんには明らかな変化が見えてきました。眼に輝きが戻り、口数もずいぶん多くなって、簡単にいえば元気が出てきたのです。

そして、大助さんと会ってから初めての検査の日。期待と不安を抱きながら結果を待っているると……なんと、腫瘍の進行が止まっていることが判明しました。それだけではありません。右頭部の炎症の範囲も小さくなっていたのです。医師も、「これなら、今後は二か月に一度の検査にしましょう」と言ってくれました。

また、結界を張った家も、明らかに「空気」が変わったといいます。

そして十一月下旬、いよいよスキーの季節がやってきます。「来月からは、長野でスキーを始めます。今までの『念入れ』は、細胞に治る意思を与えるためのものでしたが、これからは細胞に治癒・再生を促す作業となります。とにかく大切なのは、心が楽しく高揚することです。それが、治癒と再生を促すのです。

もちろん、ひとりひとりその方法は違うのですが、孝輝くんの場合、スキーによって心がより高揚することでしょう。治りますよ。さあ、頑張りましょう」

このとき大助さんは、初めて「治る」と明言してくれたのです。

十二月――堀内さん一家は四輪駆動の車に乗って、奥さん、孝輝くん、次男の孝志くん、長女の美聡さんの五人で、長野県立科町の女神湖に向かいました。

落葉の舞い散る道を、快適なドライブを楽しみながら、立科高原の山頂にあるホテル、アンビエントに到着。待ち合わせのロビーでは、大助さんとスタッフ、そして私と私の父がお出迎えをしました。

部屋の用意ができるまで、父が御夫婦に、こんなことを言いました。

「大助さんに任せておけば、大丈夫ですよ。私も、たくさんの奇跡を体感しましたから」

「心の高揚」のすばらしい力

このホテルで、これから奥さんと孝輝くんが、スキーをしながら十日間、すごすわけです。御主人と他のお子さんたちは、その日のうちに帰る予定でした。

そして大助さんから、今後のスケジュール説明が始まりました。

「明日から、スキーをします。私はスキーをしたことがないので滑れません。でも、御心配なく。ちゃんと専門のインストラクターに依頼してありますので」

え、先生は滑れないの？　意外な展開に、爆笑が起こりました。

大助さんは照れ笑いしながら、「夕食後には、孝輝くんに『念入れ』をします。お母さんはそのときには、ホテルのエステに行ってください。毎日ですよ。お母さんも心に高揚を感じることが、何よりも孝輝くんの治癒・再生につながるんです。ですから、頑張ってエステに行ってくださいね」と言葉をつなげました。

毎日、一所懸命に家業を手伝い、働きづめだった奥さんにとってそれは、このうえない「御褒美」だったことでしょう。大助さんは、家族全員が心に高揚を感じれば感じるほど治癒・再生力も高まるのだ、と説明しました。そのためには、十二月、一月の冬休み期間には、他の兄弟もスキーに参加することが大切だ、と。

また、孝輝くんの体調が悪くなったり、スキーで疲れたりしたときには、陶芸教室やガラス工房教室に予定を変更したりすることもある、とも。それはまさに、至れり尽くせりのスケジュールだったのです。

そして十二月の末、二度目の検査の日がやってきました。そのころにはもう、孝輝くんは、運動麻痺も知覚麻痺も平衡感覚もかなりよくなっていました。

担当の先生からも、炎症はほとんど消え、五センチ近くあった腫瘍も半分以下の大きさになっている、という検査結果が伝えられました。「これは奇跡です」と、医師が驚くほどの効果だったのです。

喜んだ御夫妻が大助さんに報告の電話をいれると、「いえ、これはお父さんお母さんの愛情の念が成したことなんです」と答えたそうです。また、「来年の六月には完治しますよ」――とも。

その言葉通り、二月の検査では腫瘍が小豆大まで小さくなり、さらに四月の検査になると、もう糸くずほどに小さくなって、眼を凝らして見なければ確認できないほどになりました。そして六月になると、大助さんの「予言」通り、すべてなくなってしまったのです。

現在、孝輝くんは中学生になり、毎日自転車で通学し、部活動にも参加しています。まったく普通の子と変わらない生活を送っているそうです。

御家族が感謝のあまり、「大助先生は大恩人であり、神様です」と言うと、「やめてください。治したのは、孝輝くん自らの治癒力・再生力です。私はサポートしたただけなんですから」と、照れながら返してくれるといいます。

また、「まだまだ油断してはいけません。再発しないように、これからも生活習慣は守りましょう。細胞にも、治癒・再生することを学習させましょう。時間のあるときでいいですから、ぜひ東京の事務所においでください。そこで念を入れます」と、これからのアドバイスも欠かしません。

このように、旭兄弟のすごさのひとつは、病気の回復には「医学、治癒・再生力の向上、家族の結束と愛情」の三つを絶対条件としながら、細胞に直接語りかける特殊能力と、治癒・再生力の源である「心の高揚の条件」を見極める能力にも長けているところにある、といっていいでしょう。

奇跡の真実（4）　突然の事故で戻らぬ神経を再生させた驚愕の再生手法

舘岡裕子さんは四十二歳。御自身の体調不良や人間関係の悩みで、それまでも何度か旭兄弟のもとを訪ねていました。

独身時代にはアパレル関係の営業をしていたこともあり、癖のない性格で他の相談者の方々ともすぐに溶けこむ——いや、溶けこむというよりは、引きこんでしまう、のほうが正確かもしれません——それほどに魅力的な人柄です。

旭兄弟のお母さんとも親しくなって、裕子さんは旭兄弟のお母さんを「ママさん」と呼び、お母さんは裕子さんのことを「裕子ちゃん」と呼ぶ、そんな関係でした。

ところが——平成十九年一月三日、裕子さんに突然、悲劇が訪れます。

裕子さんの御主人、忠行さんと小学三年生の長男、翔くんは、自宅近くの公園道路でミニバイクの練習をしていました。忠行さんは、若いころからバイクツーリングが趣味で、沖縄を除く日本全国を走破したほどのライダーだったそうです。また、将来は息子とツーリングすることが夢でした。

そんな思いもあって、休日には翔くんにミニバイクの練習をさせていたのです。翔くんもまた、子どもとも思えないほどミニバイクの運転が上手で、高度なテクニックまでマスターしていました。

この日も、いつもと同じように練習に行ったのですが、やはりお正月ということで、どこか気持ちが浮かれていたのかもしれません。朝のおせち料理の前に初乗りをしようという、そんな気軽な気持ちが思わぬ油断をつくってしまったのです。

そう、いつもなら練習は、ヘルメット、バイクスーツ、バイク用の手袋と完全装備で臨むのですが、この日に限ってヘルメットしか着用しなかったのです。

公園道路で走りはじめた直後、翔くんの運転するミニバイクが転倒。翔くんの右手が、激しく回転するタイヤのなかに吸いこまれてしまったのです。

悲鳴と飛び散る血しぶき——御主人が気を動転させながら駆け寄ったときには、翔くんの親指の第一関節から上、人差し指の第二関節から上、中指の第二関節から上がもぎとられていたのです。

あわてて止血をし、もぎとられた指を拾い集め、救急車を呼びました。地獄の様相とはまさに、このときのことをいうのでしょう。

ところが、着いた病院では手術ができず、結局、四十キロも離れた松本市の病院まで救急ヘリで搬送されることになりました。そして緊急手術。五時間にも及ぶ大手術でした。


「旭兄弟しかいない！」

「命には別状はありません」

それが手術後の、医師の最初の説明でした。

「しかし……指が、あまりにも複雑なちぎれ方をしているので……なんとかつなぎはしましたが、おそらく神経は元にはもどらないでしょう」

命に別状はないという医師の言葉に、なによりも安堵した御夫婦でしたが、病室に入り、麻酔が効いて静かにベットで寝ている翔くんを見たとき、ひとつの不安が大きく心のなかで広がってきました。

「利き腕の指が、三本も使えなくなってしまう。しかも親指も……。これでは運動はもちろん、勉強も、生活も、すべてが不自由になる。翔の人生はどうなってしまうのだろう」

そのとき裕子さんは、「旭先生しかいない！」と思ったのだといいます。と同時に「裕子、旭先生に頼んでくれ……」と、自分の不注意に責任を感じていた御主人も、憔悴と動揺がいりみだれて涙があふれた顔で、しぼりだすようにつぶやいていました。

裕子さんはすぐにママさんに電話をかけ、状況を説明しようとしたのですが、涙がつまってどうしてもうまく話すことができません。

ただならぬ事態を察したママさんは、「裕子ちゃん、いい？　私が質問するから、ただそれに答えなさい。わかった？」と、彼女の動揺を鎮めてくれました。そして事情を理解するとすぐに、旭兄弟に連絡をとってくれたのです。

実は正月は、旭兄弟は毎年、東京の事務所で相談者の名前を読みあげながら、その年一年の幸いを祈念・祈願しています。

そんな忙しさの真っ最中でありながら、五分ほどでママさんから裕子さんに電話がはいりました。

「裕子ちゃん？　すぐに太郎と大助が病院に行くから、病院の正確な名前と住所を教えて。いい？　こんなときこそ、母親がしっかりしなければダメなのよ。女は強いのよ」

この言葉に眼が覚めた思いの裕子さんは、お正月だというのに東京からすぐに飛んできてくれる旭兄弟にも、そして母親のような愛情ですべてを包んでくれるママさんの愛情にも、いいようのない嬉しさを感じたといいます。

見事に成功した難手術

東京の事務所から、病院のある松本市まで、車で3時間はかかります。ところが、予想もしないほど早く、旭兄弟は病院へやってきました。

「舘岡さん、よく聞いてください。治療に対して不快感や不信感をもたれては、病院の先生に失礼だし、舘岡さん自身も困ることになります。だから私たちのことは、あくまでも親類の人として対応してください。私たちを『先生』と呼んではいけません。『太郎さん、大助さん』と呼んでください」

そう念を押すと、旭兄弟は病室に入り、翔くんのベッドの脇に立ちました。

太郎さんは目を閉じると、天に向かって顔をあげ、何かを呟きはじめます。大助さんは、翔くんの怪我をした手に、そっと自分の手を添えながら、やはりなにやら呟きはじめました。

それがおよそ三十分ほど続くと、「終わりました。説明をしますので、外に行きましょう」と、太郎さんが御夫婦を促します。

「今、大助が翔くんの細胞に語りかけました。私は自然のパワーを翔くんに送りました。翔くんの念も確認できましたので、どこまで効果があるかはわかりませんが、毎日、遠隔で念を送りつづけてみます。ですからお母さんも、毎日、翔くんに手を添えて、治るように想いつづけてください。

みんなの想いで、翔くんの細胞に再生する意思を与えるんです。

あとは——現代医学の力を信じましょう。

それと、血管をつなぐ手術が終わって落ち着いたら、翔くんにぜひ、テレビゲームをさせてください。これも治療と思って。きっと神経の感覚がもどりますよ」

旭兄弟が起こす奇跡を数多く見聞きしていた彼女に、疑う余地などありませんでした。ひたすら、その指導通りに実行したのです。

すると、まさに奇跡が起こりはじめました。

血管をつなぐ手術が成功し、医師からダメだといわれていた神経をつなぐ手術も見事に成功したのです。

さらに、たとえ神経がつながっても、動かすことは難しいだろうとまで言われた傷ついた指、三本が、すべて動くようになりました。さすがに医師も、「これは奇跡だ」と驚いていたといいます。

旭兄弟は、「これは、医学の力と御両親の愛情が、翔くんに再生する力を与えた結果です」と言います。裕子さん夫妻が、「いいえ、先生方のお力があったからです」と言っても、「そんなことはありません。格好をつけて謙遜しているのではなく、本当にそうなんですから」と、頑として譲らなかったそうです。

世の中には、自分は神様だという霊能者もいます。

また、すべて自分が治したと自慢する霊能者もいます。

霊能者だけがすべてで、医学も科学も否定する霊能者もいます。

しかし旭兄弟は、自分のことは「あくまでも治癒・再生をサポートする脇役だ」と言いつづけているのです。

第二部　霊は怖くない！　本当に恐ろしいのは《念障害》だ！

第二部のはじめに

旭大助

霊より怖い念障害

近年、親が子を殺めたり、逆に子が親を殺めたりといった、昔ではとても考えられないような悲惨な事件が数多く起こっています。

多くの霊能者はこれを、「現代人の波動の低下により、霊につけ入られたり、憑依されたりして起こった事件だ」と説明していますが、あまり正確とはいえません。なぜなら、心を完全に霊によって支配されてしまった憑依現象による事件などというのは、本来ありえないからです。

もちろん、霊による影響はあります。しかしそれは、あくまでも数多くある原因のうちのひとつにしかすぎません。

では、いちばんの原因とは何でしょうか？

それは「念」です。

これから詳しく説明していきますが、人や環境、さらには霊などから受ける「陰の念」の波長と自分自身の「陰の念」の波長が一致したとき、それらが共鳴・増幅して嫌悪の念となり、心の病や体調不良を引き起こしやすくなるのです。そして最悪の場合、死に至る病気になったり、残虐な事件を引き起こしたりもします。

ですから、本当に恐ろしいのは霊現象や憑依現象ではなく、この念による障害、「念障害」だということを、まずは心に留めておいてください。

第一章　霊と念はどう違う？

1　霊とは何か

テレビでも雑誌でも、「霊」という言葉があふれています。私たちは、だれもが当たり前のように、「霊」という言葉を使います。

では、霊とはいったい何なのでしょう？

霊とは、亡くなった人間や動物の、生きているときの「想い」や「念」が具体化したものです。だから霊は、念の結晶体、エネルギー体ということもできます。人が死ぬと肉体は死滅しますが、生前の想いがエネルギー＝念（霊）となってこの世に残るのです。

霊能力のある人や動物には、それが形として見える場合もあります。映像で見えるという人もいれば、においで感じるという人もいますから、その見え方・感じ方はさまざまといっていいでしょう。

ところで、ここがひとつのポイントなのですが、ある人が七十歳で亡くなったからといって、残る念も七十歳のときのものかというと、必ずしもそうとは限りません。

私たち霊能者が念（霊）を観るときには、その人の人生のなかで、とくに印象の強い出来事があったときの想いや、もっとも後悔が残ったときの想いなどが、念となってこの世に残るケースがきわめて多いからです。また、生きることに未練が強ければ強いほど、生前の想いが深ければ深いほど、その念は強くなる傾向があります。

ですから、霊能者が霊を形として観る場合も、その念が強ければ強いほど、よりはっきりとした形として見えることになります。念は、残そうと思って残るというより、強い念だからこそ、この世に「残ってしまう」のです。

◎〈旭兄弟の体験から〉米寿祝いの正装で出てくる祖父母の霊

私たちの祖父と祖母は、九十二歳と九十歳で亡くなっています。でも、ふたりが私たち兄弟の前に（霊として）姿を現すときには、祖父は米寿祝いにつくった自慢のスリーピース、祖母も一緒にお祝いしたときの薄紫色の着物姿で出てきます。決して亡くなったときの姿ではありません。

祖父の米寿祝いは、ちょうど法事と時期が重なったこともあって、親戚一同を呼んで盛大なお祝いとなりました。祖父母もカラオケでデュエットしたりして、とても楽しんでくれたのです。それがよほど嬉しかったのでしょう。だから、亡くなる何年も前のお祝いのスタイルなのに、いつも夫婦そろってそのときの服装と姿で出てくるのです。

もちろん、もしかするとそこには、孫たちの前ではいつもきちんとした服装でいたいという、オシャレな想いもあるのかもしれませんが……。

とにかく、このように霊や念は、時間の概念を問題にしません。

また、霊そのものにしても、数えられるものではなく、大きさもありません。場所や距離も関係ないし、時間だって飛び越えるのです。

ですから、ひとりの人物の念があちらこちらに複数、残ることもあります。たとえば、亡くなった母親の念を、同時刻に複数の子どもたちが感じた、などということが起こるのも、そのためなのです。

◎〈旭兄弟のスキャニング・カルテより〉同じ日に同じ父の夢を見た三姉妹

ある三姉妹の、一番上のお姉さんであるA子さん。彼女は私たちのもとへ体調不良についての相談にいらしていたのですが、あるときこんなことを言いだしました。

「父の三回忌の直前のことですが、同じ日に姉妹全員がお父さんの夢を見たんです。もしかしたら、何か不吉なことが起こるんじゃないでしょうか？」

さっそくスキャニング（霊視）をしたところ、「姉妹が仲良く暮らしてほしい」というお父さんの想いが感じられます。

そこで詳しく話を聞いてみると――。

A子さんたちはもともと、だれもが認める仲のいい姉妹でした。ですから、お父さんが亡くなられたときにも、相続などのありがちな問題は何も起こりませんでした。ところが最近になって、形見分けを巡るちょっとしたトラブルがあって、たまたま姉妹の仲がギクシャクしている、というのです。

もちろん三人は、だれもが心のなかでは「本当は仲良くしたい」と思っていました。その三人の想いとお父さんの想いの波長が一致して、そういう夢を見たのです。まさに、ひとりの念が複数の人に同時に感応した、というわけです。

そうお話しすると、A子さんも妹さんたちも心から納得されて、その後はまた元通り、仲のいい姉妹に戻られました。

2　念とは何か

ところで、念とは何でしょうか?

私たちは、すべての生き物がもっている生命エネルギーと精神エネルギーをあわせたものを「念」と言っています。

もうすこし具体的に説明すると、生命エネルギーというのは生命力や肉体の力のことで、動物、植物から微生物にいたるまで、すべての生き物がもっているものです。

一方、精神エネルギーとは、人間や動物など、精神（心）をもっている生き物の気持ちや、想いのエネルギーのことをいいます。

したがって、生命エネルギーについては、人間よりも動物や植物のほうが強いこともしばしばあります。ですが、精神エネルギーは知的生物になればなるほど、知能が高ければ高いほど、強くなります。そのため地球上ではやはり、人間が突出して強くなるのです。

また精神エネルギーには、強い陰陽と伝染力があります。この陰陽と伝染力が、いわゆる「憑依」のような現象を引きおこしたりする原因になるわけです。

◎〈旭兄弟のスキャニング・カルテより〉愛犬の病気の本当の原因

B子さんの相談は、とてもかわいがっているペットの犬、ムクちゃんの体調が悪い、ということでした。

それも、ストレスからくる腎臓と肝臓の病気で、これ以上悪化したら命が危ない、と病院で言われたのだそうです。

ムクちゃんの写真を見せてもらうと、ひと目でストレスの原因がわかりました。原因はなんとB子さんのストレスで、ムクちゃんはそれをそのまま感じていたのです。

それほどムクちゃんは、よくB子さんになついていましたし、子どもがいないB子さんも、自分の命よりもムクちゃんのほうが大事、というほどにかわいがっていたのです。

では、B子さんはなぜ、そんなにストレスをためこんでいたのでしょうか?

詳しく話を聞いてみると、原因はB子さんの夫にありました。

彼はとても神経質で、文句を言いはじめると2時間も3時間もそれが続くといいます。

耐えられなくなったB子さんが不本意ながらも謝ると、今度はその言い方が気に入らないと、また文句が始まるという具合。一時は熟年離婚も考えたのですが、夫は世間体を気にする人で、まるで応じようとはしません。そんなB子さんのためにたまったストレスを、ムクちゃんは敏感に感じとっていたのです。

では、解決策は?

スキャニングの結果はやはり、「ムクちゃんを連れて別居しなさい」でした。するとB子さんは、自分のためなら別居には踏み切れないけれど、かわいいムクちゃんのためなら仕方がないということで、スキャニングの結果通りにすることを同意してくれたのです。

その結果、ムクちゃんの具合はみるみるよくなっていきました。もちろんB子さん自身も、ストレスの原因から解放されて、元気になったことは言うまでもありません。

これなどは、人間の念の影響を、ペットがもろに受けてしまったケースといえます。彼女たちの絆は、それほどまでに深かったのです。

ところでこの話には、後日談があります。

実はその後、ひとりきりになってしまったご主人は猛反省し、B子さんに戻ってきてほしいと言いだしたそうなのです。

3　念には陰陽がある

ところで、一口に「念」といっても、そこにはさまざまな種類や強弱といった違いが存在します。

そのなかでも、まず最初に大きく分けるとすれば、「陽の念」と「陰の念」の二種類、ということになるでしょう。

まず、人間以外の動物はすべて、陽の念しかもっていません。なぜなら動物は、自然の摂理をそのまま受け入れる純粋な存在だからです。

たとえばライオンなどの肉食獣は、生きるために他の動物を襲い、殺します。でもそれは、あくまでも生きるためであって、人間のように欲や楽しみのために殺生をすることはありません。それが自然の摂理だからです。彼らはその摂理を、素直に受け入れているのです。

そのため、動物が病気になったときには、人間よりもはるかに治療は簡単です。

いったんこちらを信頼してくれさえすれば――つまり、自然の摂理だと認識してくれれば――「念」を送っても入りやすく、回復もとても早いのです。

一方、陰の念は、人間だけがもつものです。

しかし、ごく稀に、自然の摂理に反した人間の行動のために、動物が陰の念をもってしまうこともあります。たとえば、人間が趣味（陰の念）で狩りを行って動物を殺した場合などでは、殺された動物に陰の念が生じてしまうのです。ですが、この場合もやはり、陰の念のルーツは人間のほうにあるわけです。

では、なぜ人間だけに陰の念が存在するのでしょう？

その理由としては、人間が高い知識と強い精神エネルギーをもっていることがあげられます。

精神エネルギーそのものには、陰も陽もありません。逆にいえば、陰にも陽にもなりえます。しかもそれは、とても不安定なものでもあります。たとえば、悲しい映画を観たときに、実際に自分が悲しい体験をしたわけではないのに悲しい気分になったりするのは、この精神エネルギーのしわざです。つまり、ちょっとしたことで、陰陽のバランスを崩してしまいがちなのです。

それゆえ、これはそのまま「人間のなかには、激しい陰陽エネルギーが存在している」と言い換えてもいいでしょう。

もしもこのエネルギーが、陰の方向に激しく振られたらどうなるでしょうか？

こうなったときの人間の、陰の念のパワーにはすさまじいものがあります。それは、ときに戦争や殺戮などの残虐な行為まで正当化してしまうものなのです。

その意味で、人間の陰の念ほど恐ろしいものはないといってもいいでしょう。

その最たるものが、次に紹介するケースです。

◎〈世界史に見る実例〉独裁者ヒトラーのすさまじい陰の念

ナチス・ドイツのカリスマ的指導者、アドルフ・ヒトラーのことは、読者のみなさんも、ご存じでしょう。彼の陰の念のエネルギーたるや、それはたいへんなものでした。

ヒトラーには、自分たちゲルマン民族だけがすぐれている、という「想い」が強くありました。その一方で、ユダヤ人は殺してもかまわない、という強い陰の念をもっていました。彼のその陰の念のパワーはすさまじく、国民にも影響を与えるほどだったのです。

だから当時のドイツでは、多くの国民がヒトラーと同じような陰の念を抱くようになってしまったのです。それは、国民を陶酔させることに長けていたという、彼の演説技術のせいだけではなかったのではないか、と思います。

これは、ソ連（当時）の場合も同じことでした。

気をつけていただきたいのは、国民は、決して独裁者が怖いから従ったわけではない、ということです。そうではなく、陰の念の影響力の恐ろしさが、国家や政治まで動かしてしまったケースなのです。

◎〈旭兄弟のスキャニング〉長崎・小六女児同級生殺害事件——加害女児の強い陰の念

〔事件の概要〕二〇〇四年六月、長崎県佐世保市で小学六年生の女児が、クラスメートの女児をカッターナイフで斬りつけて殺害した事件。

加害者の女児が、被害者に対して憎しみの念をもっていたのを感じます。さらにその陰の念を、まわりのクラスメートたちが煽っているようなところもあったようです。家庭環境からくる、陰の念も感じます。

こうしたことがぜんぶ一緒になって、彼女は、人が死んでも簡単に生き返ることができるマンガやアニメの世界と、決して後戻りのできない現実の世界との区別がつかなくなってしまったのです。陰の念が強くなると、自制心がきかなくなってしまうのです。

もしもこの加害女児が、もう少し強い陽の念をもっていたら……カッターナイフで脅すことはしても、殺すまでには至らなかったのではないかと思います。

◎〈旭兄弟のスキャニング・カルテより〉心の奥に潜む陰の念から精神に異常が……

C子さんの娘さんは、東京の一流大学を卒業後、ある老舗デパートに勤務していましたが、職場でいじめに遭い、人間不信に陥って仕事を休むようになりました。接客態度や笑顔がとてもいいと評判だった娘さんは、どうやら同僚のねたみを買ってしまったようなのです。ひどいときには、本人がコンプレックスに感じていた身体上のことをあげつらわれたりもしたそうです。

やむなくC子さんは、ひとり暮らしをしていた娘さんを自宅に連れ帰ってきたのですが、その行動はどうも尋常ではありません。手首にはリストカットの跡がいくつもあり、突然、騒ぎだしたりすることもしばしばあったので、とうとう病院に連れていくことになりました。そこで、精神障害と診断されたのですが、いくら治療を続けても一向に快方に向かわないのです。

もしかしたら、原因は他にあるのではないかと心配したC子さんは、いろいろな霊能関係者のところを回ったそうです。そのたびに、憑依だとか因縁だとか言われ、お祓いをしたのですが、何も変わりませんでした。

スキャニングしてみるとすぐに、霊障ではなく念の問題だということがわかりました。一般社会での、いわゆるふつうの仕事は、彼女が生きるべき世界ではなかったのです。

彼女は、そんな自分に向いていない仕事に疲れていました。でも、心の奥では、「よくなったらまた、もとの生活に戻らなければならない」という想いに縛られています。この「不安」という陰の念が、心も体も支配していたのです。

そこで、「あなたには、人を癒すような道こそが天命です。そちらの道に進みなさい」と指導させていただきました。彼女は、「もう、もとの職場に戻らなくてもいいんだ」と、安堵したのでしょう。陽の念がわきあがり、精神状態がみるみるうちによくなっていきました。

その後、家族も新しい彼女の進路に賛同してくれて、今ではそちらの道へ進む勉強をしながら、家業のお手伝いをしています。

整理しましょう。

彼女は職場で、いじめという陰の念を受けました。そこに自らのコンプレックスも手伝って、自分のなかにもともとあった陰の念を増幅させてしまったのです。

でも、彼女には、救いがありました。それは、子どものころからのご両親の教育です。自分の陰の念のエネルギーを決して人に向けない。だから、他人に危害を加えるような事件には発展せず、無事に済んだのです。

自らの進むべき道を見出した今では、もう彼女は、陰の念にさいなまれるようなことはないでしょう。

4　人間だけが陰の念をもつ

ここまで読まれた読者は、陰の念がもつエネルギーの恐ろしさを改めて認識されたことと想います。でも、なぜ、人間だけが陰の念をもつのでしょうか。それには、次のようなふたつの解釈が考えられます。

(1)　医学的解釈

人間は知能が高い分、恐怖心や想像力が働きます。また、情報伝達能力にも長けています。そのため、見たままありのままの事実を受け止めるのではなく、実際の現象よりも拡大解釈する傾向があるのです。そこに、疑問や恐れが生まれ、その結果、陰の念が生じてしまうのです。

（2）宗教的解釈

人間は、神によって高い知能を与えられましたが、その代償として陰の念も授けられました。これは、一種の自爆装置、時限爆弾のようなもので、陰の念が陽の念を飲みこんで、人間の心を支配してしまったときには、自ら破滅への道を辿ることになります。しかしその一方で神は、「理性」という陰の念を抑えるための能力も与えてくれました。つまり、そのどちらを選ぶかは、人間の意志次第なのです。

このように、同じ現象であっても、人間はまったく逆の立場から考えることができます。もちろん私は、どちらを選べと選択を迫るつもりはありません。ただ、現代人はとかく理知的、論理的に考えてしまいがちな面があります。ときには（2）のように、宗教的、神秘的に考えてみることも必要なのではないでしょうか。

【陽の念】

愛念：愛する心

一念：深くひたすら想う心

専念：一つの事に没頭する心

御念：相手の心配りを敬う心

思念：思い考える心

寂念：雑念を取り去る心

信念：正しいと信じる心

諦念：道理を覚る心

芳念：他人を敬う心

【陰の念】

悪念：悪い心

憶念：深く思い絶えず思い出す心

怨念：恨みの心

雑念：集中を妨げる心

俗念：俗事にとらわれる心

失念：忘れてしまう心

邪念：悪事やたくらみを持つ心

毒念：害を加えようとする心

欲念：欲望の心

妄念：迷いから生じる執着の心

【陰・陽どちらにもなりうる念】

概念：認識する心

疑念：疑う心

観念：諦める心

懸念：心配する心

想念：心の中に浮かぶ心

他念：ほかの事を思う心

執念：深く思い込んで動かない心

情念：感情が刺激され生ずる心

追念：悔しく思う心

念の分類表

5 地獄は陰の念の溜まり場

念には、同種のものどうしは互いに引きあい、異種のものどうしは反発しあう、という性質があります。

簡単にいうと、陽の念は陽の念とは引きあいますが、陰の念とは反発しあい、逆に陰の念は陰の念と引きあい、陽の念とは反発しあう、ということです（次ページ「陰陽の念の相関図」参照）。

しかも、陰の念どうしの場合には、陽の念どうしよりもはるかに増幅しやすく、伝染力も強いという困った特徴があります。そのため、陽の念が陽の念を呼ぶ力よりも、陰の念が陰の念を呼ぶ力のほうがとても強烈で、強くなってしまうのです。

人はだれでも陰と陽、両方の念をもっています。

なかにはごくまれに、陽の念しかもっていない人もいますが、それはイエス様やお釈迦様といった、悟りを開いた人だけです。

でも、ここにひとつの可能性があります。たとえば今、どんなに陰の念が強い人でも、その人のなかには、必ず陽の念も存在するのです。ですから、人は自分のなかにある陽の念を強くしようと努力しつづけることで、必ず地獄へ行かなくてもすむようになる、とも言えるわけです。

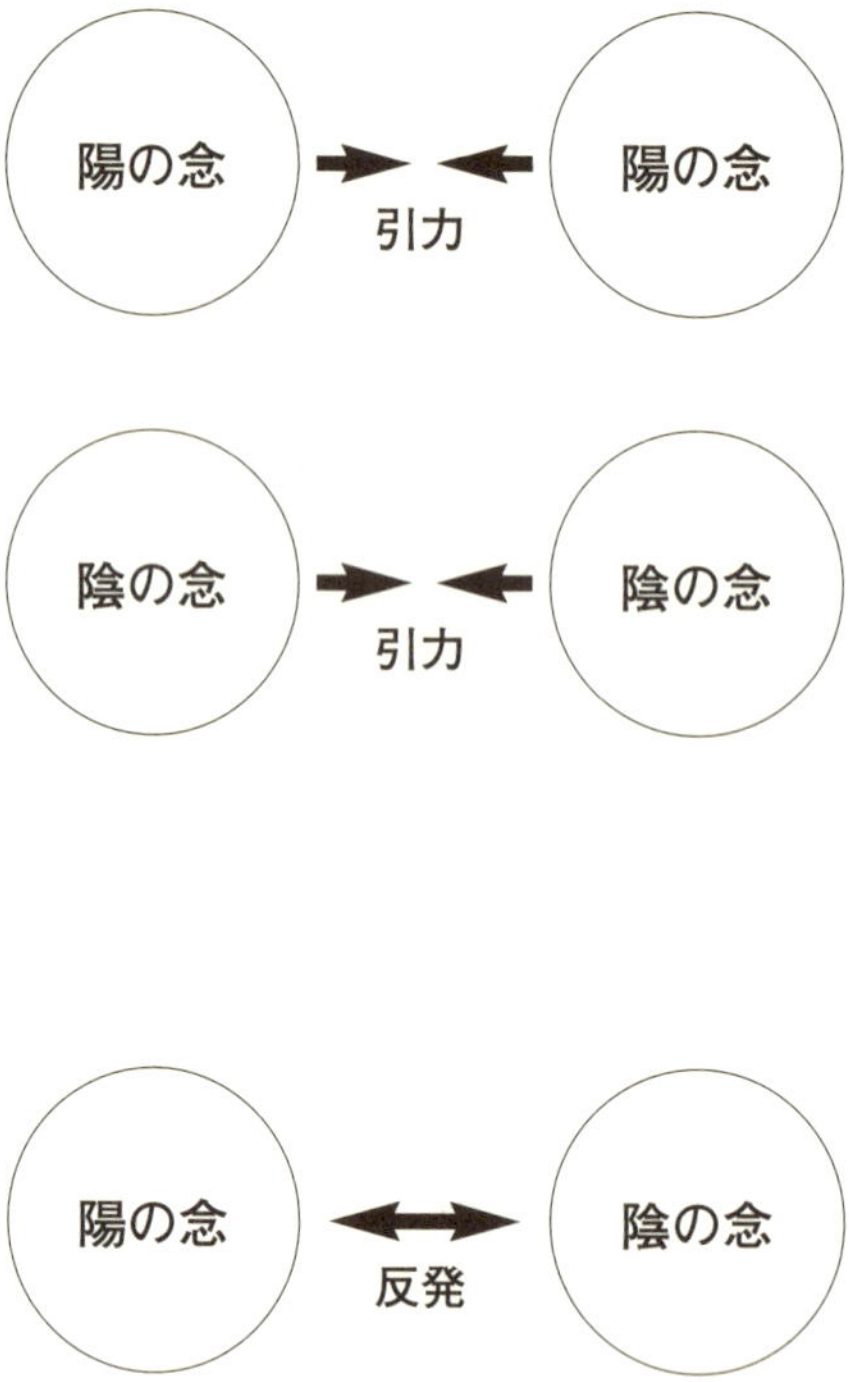

陰陽の念の相関図
陽の念と陽の念、陰の念と陰の念はそれぞれ互いに引き寄せ合い、陽の念と陰の念は反発する。

なぜなら地獄とは、陰の念の溜まり場のことだからです。反対に、天国というのは陽の念の集まっているところです。私たち人間が、どちらにでも行く可能性があるというのは、そういうことでもあります。

ちなみに、陰の念と陽の念とでは、重さが違います。もちろん実際に質量があるわけではなく、あくまでもイメージ的なものですが、陰の念は重く、陽の念は軽い、というイメージがあるのです。そのことが、地獄は地下深くにあり、天国は空のはるか彼方にある、という一般的なイメージにつながっているのだと思います。

6　自殺すると地獄へ行く？

よく、自殺者は成仏できないとか、地獄へ落ちるとかいわれます。

でも、一口に自殺といっても、どんな念をもって死んだのかによって、死後にどうなるかは違ってくるのです。

たとえば自害や自決、人柱などは、自ら命を絶つ行為ではありますが、自殺とは意味合いが違います。国や家族を守るために命を捧げる――そんな決意で自害や自決をした人たちには、使命感や満足感があるので陰の念にはなりません。死を決意した動機が陽の念であれば、決して地獄（イメージの世界）へは行かないのです。

私たちのスキャニングでも、たとえば家業が破産状態に陥り、妻子や取引先に負担や迷惑をかけないために命を絶ち、自分の生命保険で遺された人の窮地を救った、という父親の霊からは、陰の念は感じられなかったりします。

また、病弱な親やつれあいを本人の懇願により断腸の思いで殺めたケースなどでも、亡くなった人や後追い自殺をした人から、陽の念を感じたことがあります。彼らは、他人に迷惑をかけることを「恥」「罪」と感じ、自らの生命を終焉させることに、むしろ満足感すら感じていました。

このように、自殺したからといって、すべての人の念が陰になる、というわけではありません。逆に自殺しなくても、他人を苦しめた人――殺人者など――の念は、陰の念になってしまいます。

ただし、人を殺したり、交通事故で人をはねてしまった人の陰の念でも、改心すれば陽の念に変わることができます。いや、陰の念を陽の念に変えて、正しい道へと導き、浄化することこそ、私たち霊能者の使命であるといえるでしょう。

◎〈旭兄弟の体験から〉いじめから解放された同級生

兄の太郎が高校二年生のとき、同級生のD君が自宅の納屋で首を吊って自殺するという、悲しい出来事がありました。彼はラグビー部の先輩から、ひどいいじめを受けていたそうです。折った鉛筆を何本も口に入れて殴られるなど、その酷さは当時、社会問題にもなったほどで、もちろんいじめた生徒たちは処分を受けました。

となると気になるのは、こんな「悲惨」な最期を迎えたD君の「その後」です。さぞや彼の念は恨みに包まれ、巨大な陰の念としてこの世に残されていることでしょう——と、読者のみなさんは思うかもしれません。

ところが——。

太郎は今でも、D君の命日には当時の友人たちと彼の家に遊びに行きます。すると、彼の霊はいつも家にいて、太郎たちを迎えてくれます。しかも、ニコニコと笑顔で――。

なぜならD君は、地獄には行っておらず、成仏しているからです。もしも彼の魂が地獄というイメージの世界に堕ちたのなら、こんなふうに満面の笑顔で出てこられるはずがありません。

もちろん、悔しい想いはあったことでしょう。恐ろしい想いもしたことでしょう。でも彼の場合、いじめから解放されたという想いのほうが、よほど強かったのだと思われます。世の中には、こんなケースもあるのです。

◎〈旭兄弟のスキャニング・カルテより〉いじめられた母が地獄へ行くはずはない!

E子さんのお母さんは、十五年前に除草剤を飲んで自殺しました。

原因は、「嫁はお手伝い」くらいにしか思っていない厳しいお姑さん(E子さんの父の母)のいびり、嫁いじめだったそうです。

もともと、脳性小児麻痺の後遺症で不自由だったお母さんの足のことを罵ったり、県内にある自分の実家の墓参りに行くことさえ許されなかったり……しかも頼みの夫はマザコン気味で、いつでもお姑さんの味方でした。

Ｅ子さんは、そんな母と祖母の関係を見て育ったために、いつしか祖母に、憎しみに近い感情を抱くようになってしまったといいます。無理もありません。お母さんは苦しみから救われるために、自ら命を絶ったのですから。そしてＥ子さんは、高校を出るとすぐに家を離れ、飛びだすように東京に出てきました。

ところがその後、たまたま「自殺者は地獄へ行く」と書かれた本を読み、言い知れない不安に包まれました。もしもそうなら、自分の母も地獄にいるということになります。真実を知りたくて、講演会などにも足を運び、いろいろと話を聞きましたが、どうしても納得がいきませんでした。

「いじめた祖母は今でも元気なのに、なぜ、いじめられた母が地獄へ行かなければならないのでしょうか？」

これがＥ子さんの疑問だったのです。

ところが——スキャニングしてみると、お母さんの霊は、今ではお子さんにも恵まれて幸せな家庭を築いているE子さんのすぐそばにいました。

「お母さんはあなたのそばにいますよ。今は心が解放されて、楽しく過ごしていらっしゃいます」

スキャニングで見えた通りにお伝えすると、E子さんは「やっぱり……。母の気配は日ごろから感じていました……」と、泣いて喜んでいらっしゃいました。

お母さんにはきっと、この世に子ども（E子さん）を遺していく辛さ、悲しさもあったことでしょう。でも、何よりも亡くなったことによって心が解放され、ほっとしているのが感じられました。そういえばお母さんは、たとえどんなにいじめられても、祖母が「この煮物、おいしい」と、たった一言、口にしてくれさえすれば素直に喜ぶような、そんな人だったそうです。

私たちはE子さんに、小さな仏壇を買ってお母さんを祀ってください、とお勧めしました。それによって彼女は今、いつもお母さんと一緒に、健やかに暮らしています。

おわかりのように、たとえ自殺したとしても、神の世界では正しき人は必ず守られているものなのです。

7　霊と念の違いは……？

霊もまた、念のひとつです。

もう少し詳しく説明すると、念のなかでもとくに、亡くなった人や動物たちの生前の想いが結晶化したものを、霊と言っているのです。

苦しい想いをして亡くなったり、殺されたりした場合は、憎しみや恨みなどの陰の念が残りやすい、ということになります。ならば、病気や事故で亡くなった場合には必ず陰の念が残るのかというと、決してそうではありません。

最後に人生を振り返ったとき、相対的に「楽しかった」「よかった」「幸せだった」という陽の念が強かった場合には、残るのは陽の念のほうです。

このように、念の「質」は、亡くなったときに決まります。

では、その「大きさ」はどうでしょう？

よく、悪霊が悪霊を招き、怨念が増大する、などというストーリーを目にします。でも、霊は前述のように、亡くなった人の念が固定化したものなので、変化や成長はしません。ところが、生きている人間の念は変化し、成長します。そこが、霊と、生きている人間の念との大きく違うところなのです。

生きている人間の憎しみや妬みなどの陰の念は、増幅・増長しやすく、さらに新たな陰の念を呼びこむという、悪循環を招きます。その結果、最悪の場合には、他人に危害を加えたり、本人が自殺してしまったりすることもあるのです。

一方、霊の念は固定化されていますから、事件のきっかけや入り口になることはあっても、それ以上の影響を与えることはできません。

◎〈旭兄弟のスキャニング〉秋田・連続児童殺人事件（畠山鈴香容疑者の波動の低さ）

〔事件の概要〕二〇〇六年四月、秋田県藤里町の畠山彩香ちゃんが行方不明になり水死体で発見された翌月、同じ団地内で小学一年生の米山豪憲君が殺害された。ふたりを殺したのは彩香ちゃんの母親で、豪憲君も顔見知りだった畠山鈴香容疑者だった。

実の母親が幼い娘とその友だちを殺すという凄惨な事件だっただけに、背後に霊的な因縁や怨念の存在を云々する霊能者もいます。憑依により引き起こされた事件、霊の力による事件だというのです。

でも、それは間違いです。この事件はあくまでも容疑者の波動の低さ、陰の念が引き起こしたものなのです。

スキャニングしてみたところ、彼女には生まれつき鬱病の要素があり、人の念を受けやすい体質である、と感じました。

その念からも、嘘つきなこと、性的なだらしなさ、性格の悪さなどがわかります。そこに、育ってきた教育環境、だらしない生活などの影響が加わって、いじめられたり馬鹿にされたりするうちに自ら心を閉ざし、どんどん卑屈になって陰の念が増幅されたのです。

そういう意味では、同情すべき点も確かにあります。しかし、たとえそういう環境に育ったとしても、本人が変わろうとさえしたなら、そのチャンスは過去にいくらでもあったはずなのです。ところが彼女の場合、そうしようとはせず、さらに悪い念（陰の念）を増幅させ、善の心を失ってしまったのです。

まさに、生きている人間の陰の念が、増幅・増長したケースといえるでしょう。

◎〈旭兄弟のスキャニング・カルテより〉恐ろしい阿闍梨の念!?

F子さんは、自分は阿闍梨（弟子の規範となって法を教授する師匠のこと）であると自称する女性と出会い、彼女のことを深く信頼するようになりました。月々一万円の会費を払って、その女性の主宰する会の会員になったり、何か相談事をするたびに数万円のお礼を渡したりしていたそうです。

ご主人の転勤で遠くに引っ越してからも、しばらくは毎月きちんと会費を送っていたのですが、だんだんその女性の言動や行動に疑問を感じるようになって、あるとき、会をやめたいという手紙を送ったのだそうです。

するとその女性は態度を豹変させ、「あなたは一生、霊にさいなまれる」「生き

第二部　霊は怖くない！　本当に恐ろしいのは《念障害》だ！

そして実際にF子さんは、体調を崩してしまったになりました。頭痛や眩暈がし、使っていたコンタクトレンズに、なぜか傷が入っていたこともありました。私たちのところへやってきたF子さんは、「間違いなく、念を送られている！」と訴えます。ところがスキャニングしてみると、どうもそんな気配はありません。

それはそうでしょう。特定の相手に意図的に陰の念を送るなどということは、簡単なことではありません。その女性にしても、ある程度の念の力はもっていたのかもしれませんが、決して阿闍梨などという高いレベルの人ではなかったのです。いうまでもなく、もしも本物の阿闍梨なら、そのようなことをするわけがないのですから。

では、なぜF子さんに、このような「霊障」が起こったのでしょうか。

原因は、「彼女はすごい人だ」というF子さんの思いこみにありました。そこに「悪い念を送られる」という恐怖心が加わって、F子さん自身がもつ陰の念が増幅されてしまったのです。その結果、ホルモンバランスが崩れ、家事もできなくなり、身体を動かさないからさらに体調が悪化する……という悪循環に陥ってしまいました。コンタクトレンズに傷が入ったのも、ホルモンバランスが崩れて目が異常に乾燥したからでした。

さて――解決法ですが、「ウソも方便」といいます。

こういうときには、必ずしも「事実」を伝えるのが最善の策とはかぎらないのです。F子さんには、「悪い念の影響を受けないように、結界を張りましょう」と言って、実際に彼女の周囲に結界を張り、お香の焚き方や印を結ぶ作法などを教えたりしました。

こうすることによって彼女のなかに、自分は守られているという安心感（陽の念）が生まれたのです。すると恐怖心もおさまり、身体も動かせるようになって、体調がどんどんよくなっていくのです。F子さんに念について本当のことを説明したのは、こうして彼女が、ほぼ回復してからでした。

このように、陰の念による囚われから解放されるには、まず、念とはどういうものかを知って、ケースごとにもっとも適した方法をとることが大切なのです。

第二章　これが霊の実態だ！

1　霊とは会話ができない

テレビ番組などではよく、霊能者が亡くなった人の霊と会話をしている場面を見かけます。あれは、本当なのでしょうか？

もしもそんなことができるのなら、未解決の殺人事件などは、すべて解決するはずです。被害者の霊に、遺された人への想いなどを聞いている間に、直接、犯人を教えてもらえばいいわけですから……。でも、実際には霊と会話した結果、犯人が判明し、事件が解決したという事例など聞いたこともありません。

つまり、霊能者でなんであれ、霊とは会話はできないのです。

なぜなら霊は生き物ではなく、想いや念の結晶体だからです。辛い、悔しい、憎い、嬉しいなどの想いや、生前の心配ごと、思い残したことなどを、感じとれる人間（霊能者）が感じ、読み取って通訳しているだけなのです。それはあくまでも一方的なものであって、それ以上の「情報」は存在しません。だからこちらの質問になど、答えられるはずもないのです。また、「想い」ですから、具体的な単語や言葉でありません。したがって、外国人の霊で言葉がわからなくても、通訳できるのです。

仮に霊能者と称する人が、霊と会話をしているように見えたとしても、生きている人間にわかるのは、あくまでも霊の「想い」だけです。いろいろなタイプの霊能者がいますし、個々の能力の違いによって精度も違ってきます。同じ霊を見ても感じ方や解釈、見解が違ってくることがあります。なかには、会話のような「スタイル」をとるのを得意とする人もいるかもしれません。

ちなみに霊や念とアクセスするときには、自分が感知できる周波数の帯（バンド）のなかで、相手の念に周波数を合わせて情報を拾います。ですから、その霊能者がキャッチできる周波数の帯の幅が広いほど、いろいろな念をキャッチすることができますし、読み取る精度が高いほど相手の念が鮮明にわかることになります。

もしもこの力を事件の解決に活かすとすれば、念を読み取ることで、事件の背景や犯人の動機、犯人像のおおよその輪郭を知ることとくらいでしょう。それでも、犯人の名前など具体的なことまではわからないのです。

2　虫の知らせをキャッチする

虫の知らせというものがあります。いわゆる第六感です。昆虫や動物が、嵐や地震などの天変地異の予兆を感じ取り、避難行動をとることはよく知られていますが、実は彼らは自然の「念」の異変を感じ取って行動しているのです。

地球も生き物ですから、念をもっています。もちろん、植物も同じです。それらを動物たちは感じ取っているのです。

しかし人間は残念なことに、智慧を手に入れたかわりに、念を感じ取る感性、理屈でなく心や肌で感じる力（第六感）が退化してしまいました。だから動物たちのように、自然の念の異変を感じ取ることができません。それでもごくまれに、それを感じることができる者もいます。それが、いわゆる霊能者なのです。

たとえば私たちも、いつ地震がくるのかまではわかりませんが、地震の前には何かいやな予感がしたりします。山のようなものの気配を感じたり、身震いをしたりすることもあります。土地や木から、血の匂いのする念や、嫌な念を感じることもあります。

また、霊能者ではない普通の人でも、一時的に感性が研ぎ澄まされ、異変を未然に感じ取って難を逃れたという例はたくさんあります。どんな異変が起こるかまではわからなくても、何となく不安を感じたり、亡くなったおばあちゃんの声が聞こえたり、姿が見えたりしたなどと、亡くなった人の念の知らせによって行動パターンが変わり、難を逃れたケースは、おそらくたくさんあることでしょう。

◎〈旭兄弟のスキャニング・カルテより〉犬が知らせてくれた阪神大震災

阪神大震災のあった日の朝、まだ暗いうちから、兵庫県に住むG子さんの飼い犬が異常に吼えはじめたそうです。それまではそんなに激しく吼えたことはなかったのですが、近所迷惑になっては困ると思い、仕方なく早朝の公園へ連れていきました。すると、あの大地震が起こったのです。G子さんの家は倒壊し、近所で火事も発生しました。もしも家で眠っていたら、G子さんの命もなかったことでしょう。

「神様に守られていたんだ」――G子さんは、そう思ったそうです。

後から思うと、吼えていたときの犬の顔が、いつもの吼える顔とは違っていたそうです。何かに牙を剥いたり怒っているという感じではなく、恐怖心から何かに怯えて吼えていたような顔でした。

そう、明らかにこの犬は地球の波動の異変を感知し、「何かが起こる」「ここにいては危険だ」と感じて、吼えていたのです。

3　事故死した人にも守護念はいるのか

「守護霊」と言われるものがあります。

本書でこれまでに書いてきたように、「霊」というよりは、本当は「守護念」と言ったほうが正確なのですが、読者の皆さんには「守護霊」のほうがわかりやすいかもしれません。でも、これからは「守護念」として覚えてください。

これは多くの場合、亡くなった身内（先祖）やかわいがっていた動物などの「陽の念」です。たとえばあなたの陽の念と、あなたの亡くなったおばあちゃんの陽の念の波長が合致したとき、おばあちゃんの念があなたの守護念となるのです。亡くなった身内が守護念となることが多いのは、身近な人や親族どうしは波長が合致しやすいからです。

「守護」という言葉がつくので、守護念は私たち生きている人間を「守ってくれているものだ」と思いがちですが、厳密には違います。守ってくれるというよりは、「その先に行ってはだめだよ」などと、危険や避けるべき出来事などを「知らせてくれている」「見守ってくれている」のです。

また、ひとりの人間についている守護念は、ひとつだけとは限りません。おじいちゃんの念、おばあちゃんの念、おとうさんの念など、複数のこともあります。

ただ、いくら数が多くても、それだけではどうにもなりません。

せっかく守護念が危険を知らせてくれていても、その念を感じ取る能力が高くなければ、気づくことができないからです。「こっちへ行くと何となくいやな感じがする」などと、その知らせに気づくことができて初めて、救われるのです。

ですから、不慮の事故や災害などで不幸にも亡くなった人にも、同じように守護念はついていたはずです。でも、彼らの「知らせ」に気づかなかったのです。

と、このように守護念が危険を知らせてくれる、などというと、まるで守護念が意志をもった生き物のように思われるかもしれませんが、それも少し違います。

より厳密に言うと、守護念は直接危険を教えてくれるというより、その人間が危険を予知する（能）力を高める刺激となってくれるものだからです。ですから、守護念は、たとえば亡くなったおばちゃんなどの陽の念が、あなたの予感能力、危険回避能力を高めようとしてくれているもの、と考えてください。

◎〈旭兄弟のスキャニング・カルテより〉両手が震えて登山を中止したら……

H男さんは仲間三人とチームを組んで、冬山登山の計画を立てていました。ところが出発の二、三日前から突然、両手が震えだしたのです。それまで健康そのものだったのに、箸ももてないくらい震えがひどいときもあり、もしかしたら脳梗塞の前兆かもしれないと、病院で検査を受けたのですが、結果は異常なしでした。

とはいえ、両手の震えは治まりません。こんな状態ではとても登山はできないと、計画は中止することになりました。すると、行くはずだった山で大きな雪崩が起きたのです。しかも、計画通りに登っていれば、ちょうどH男さんたちが歩いていたはずの場所、時間でした。

その後、不思議なことにH男さんの手の震えはぴたりと止まりました。

もちろんこれは、H男さんの守護念が、危機を教えてくれたのです。

ですから私たちは、「ご先祖様が危険を教えて下さったんですよ」と、H男さんにご先祖様に手を合わせるようご指導しました。

重要なのは、もしもこのときH男さんが陰の念をもっていたら、先祖の危険を知らせてくれる陽の念と反発し、せっかくの知らせに気づかなかったに違いない、ということです。それが、見事に生と死の分かれ目になったケースといえるでしょう。

幸いにもH男さんは陽の念をもっていたので、先祖からの念を感じ、身体が感応して危険を回避することができたのです。

◎〈旭兄弟のスキャニング・カルテより〉名前を呼ばれて足を止めたら……

サラリーマンのI男さんは、通勤途中に信号が青に変わったので、横断歩道を渡ろうとしていました。そのときです。突然、自分の名前を呼ぶ、女性の声が聞こえてきたのです。思わず立ち止まって、振り返りました。けれども周囲にはだれもいません。おかしいなと思った次の瞬間でした。赤信号を無視した車が、交差点に突っこんできたのです。

もしもI男さんが立ち止まらず、そのまま急いで横断歩道を渡っていたら……ほぼ間違いなく、車にはねられていたはずです。後から考えると、その呼び声は亡くなったお母さんの声によく似ていた、とI男さんは語っていました。

そう、お母さんの念が、I男さんの聴覚に感応したのです。

実際に車が突っこんできたかはともかくとして、これに近い体験は、だれにでもあるのではないでしょうか？　だれかが呼ぶ声が聞こえた、だれかに肩を叩かれたような気がした、知り合いがこちらを見ているような気がした……でも、あわてて振り向いたらだれもいなかった……。どうでしょう？　あなたにも覚えがありませんか？

たとえそのときは何もなかったとしても、こうした「何だろう？」という思いは大事にしたほうがよいのです。

もしもそれが街中だったら、一度立ち止まって、何かのサインかもしれない、と気持ちを落ち着かせ、守護念のサインに心を傾けることもとても大切なのです。

4　「生まれ変わり」は本当？

「私の前世は織田信長だ」

「霊能者に、自分の前世は中世ヨーロッパのお姫様だったと言われた」

などという話をよく耳にします。けれども――意外に思われるかもしれませんが――生まれ変わりなどというものは、実際にはありえないことなのです。

もちろん世の中にはまれに、行ったことがない場所の風景を覚えているとか、初めて訪れた国なのになぜか懐かしく感じたなどと、前世らしきものを断片的に記憶している人がいます。でもそれは、前世の記憶ではありません。亡くなった人の念を継承しているにすぎないのです。いえ、「伝染した」が正確かもしれません。言葉を換えれば、昔生きていた人物の念をその人が受け継いでいる、と言ってもいいでしょう。あるいは、昔の人の念と波長が合致し、その念の影響を受けているとも言えるかもしれません。

その場合、問題になるのは、その念がどこからきたのか、です。

生まれたときからだれかの念を継承（伝染）していることもあれば、途中から受け継ぐこともあるでしょう。最初はフランス人の念を受け継いでいて、数年後にイタリア人の念を受け継いだ、などというケースもあります。

であれば当然、ある個人の前世の記憶を受け継いでいたとしても、それがその人の生まれ変わりである、という証明にはなりません。生まれてきたのは新しい肉体をもった、まったく別の人間なのですから、これは当たり前です。何度も書いていますが、人間が死んで残るものは、「想い」と「念」だけなのですから。

もちろん、だからといって私は、「人は生まれ変わる。今世での生き方が来世を決める」という輪廻転生の考え方まで否定するつもりはありません。生きている人間が過ちを犯さないための教え、他人に迷惑をかけるような行為をしないように戒めるための教えとしては、とてもすばらしいものだと思います。

実際には人が生まれ変わりを繰り返すのではなく念の継承が繰り返されている、ということなのです。

第三章　霊障と念障の真実

1　霊現象は怖くない

「不思議な音（ラップ音）を聞いた」

「霊の姿を見た」

そんな奇怪な現象に遭遇したり、原因不明の病気になったりしたときに、すぐに「悪い霊に憑かれた、怖い」と決めつけてしまう人がいます。でも、たとえそれがほんものの霊や念だったとしても、ただ闇雲に恐れる必要はありません。

もちろん、ほとんどの人は霊的な現象など未経験でしょうから、怖がる気持ちは理解できます。しかし、ここまで読んできた方ならおわかりのように、すべての霊現象が恐ろしい忌むべきものというわけではありませんし、人によって、またそのときの精神状態によっても、受け止め方はさまざまに変わってくるものなのです。

私たちは、霊現象のなかでも人間に何らかの害を与えるものを「霊障（霊障害）」と呼んでいます。確かにこれはこれで恐ろしい現象ですが、実際にはそこに、人間の「念」や「想い」というものが強く作用することが多いのです。

ですから霊障では、霊現象そのものよりも、霊現象に遭ったことで恐怖心を抱いてしまうことのほうがもっと怖い、ということになります。

いえ、それどころか、なかには、最初は霊現象ではなかったのに、怖いという想い（陰の念）を抱いたことで本当に悪い霊（陰の念）を引き寄せてしまうことさえあるのですから。

また、恐怖心がふくらむと、それは強いストレスとなります。ストレスが極限に達すると、ホルモンバランスを崩して病気になったり、精神が不安定になったりしてしまいます。また、自らがもつ陰の念と、霊の陰の念の波動が共鳴・増幅して、精神不安定になることもあります。

いつのまにか霊障害が、さらに恐ろしい「念障害」になってしまうのです。

霊障害は、実際には念障害のごく一部にすぎません。本当に恐ろしいのは霊障ではなく、念障害のほうなのです。たとえ陰の念をもつ霊による霊障であっても、それは病気のウイルスのように人の肉体や細胞を蝕むようなものではありません。自らの陰の念と共鳴したときに初めて、ウイルスのように増殖するのです。

ところが念障害に陥ると、最悪の場合、自殺や犯罪を引き起こしたり、憎しみの対象者を自らつくりだして殺人を犯してしまったりします。

それは決して、霊が生きている人間の意識をコントロール（憑依）して、「殺せ」と命じているわけではないのです。それらのすべては人間の意識、人間のもつ陰の念が引き起こすものなのです。

2　霊より怖い、生きている人間の念

人間の念がこれほどまでに恐ろしいものである以上、生前の恨みや憎しみが結晶化した霊（死んだ人の陰の念）は、それに輪をかけて恐ろしいものだということにもなります。

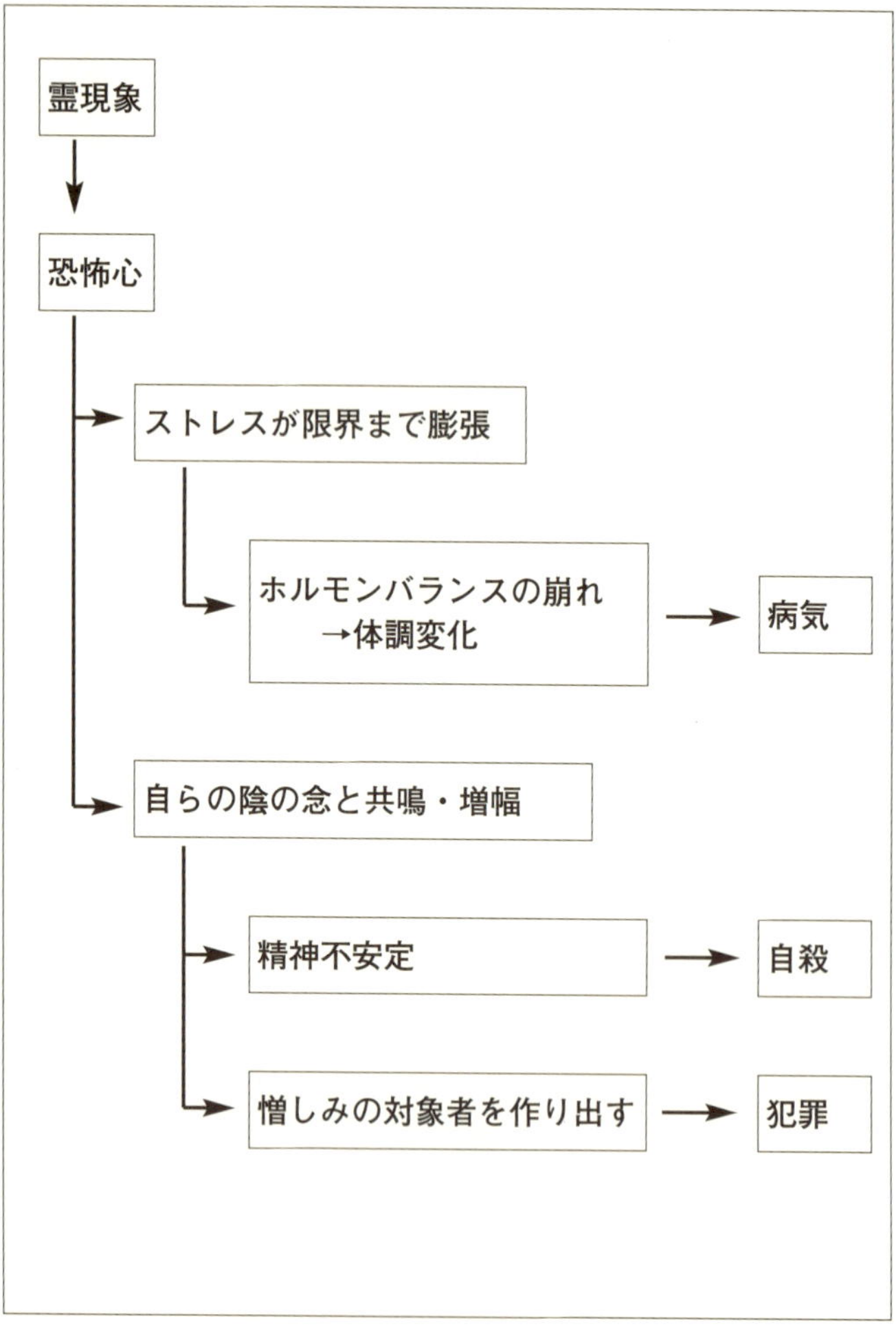

「霊現象」に触れたことで自殺などに発展する図式

実際、こうした霊はしばしば、生きている人間に悪影響をもたらすことがあります。

ただしその場合、ひとつの条件があります。それは霊の念と、生きている人間の念の波長が合致する、ということです。そのとき、人の陰の念が刺激され、増幅し、その人自身にさまざまな現象や悪影響をおよぼすようになります。

また、生きている他の人の陰の念や土地についた陰の念が、自身の陰の念と共鳴したときにも、同様に悪影響を及ぼすことがあります。

注意していただきたいのは、念のなかでいちばん恐ろしいのは、死んだ人の念ではなく、生きている人間の陰の念、ということなのです。

これまでに書いてきたように、死んだ人の念——つまり霊——は固定化されており、進化も増幅もしないので、その念を断ち切ってしまえば終わりです。ですが、生きている人間の念は限りなく成長・増幅しますし、憎しみが新たな憎しみを呼ぶという悪循環を引き起こしたりもします。そのため、自らの陰の念を強烈に刺激し、反復を繰り返すのです。

たとえば、J子さんがK男さんに対して憎しみの念を抱いたとしましょう。当然、K男さんはJ子さんからの憎しみの念を感じ、J子さんに対して憎しみを抱きます。するとそのK男さんの憎しみをまたJ子さんが感じて、さらに憎しみの念を増幅させて……これを繰り返していくうちに、お互いの陰の念はどこまでも止めどなく増幅していくのです。

最悪の場合、相手に殺意を抱くところまでいってしまうことも珍しくありません。

ましてや、こうした憎しみや恨みの念に、金銭欲や物欲、嫉妬心、歪んだ愛情などの欲念が加われば、陰の念の増幅にさらに加速度がついて、直接的な破滅的・破壊的行動にもつながっていくことでしょう。

これは逆に言えば、生きている人間の念は、こちらの働きかけによって変化することができる、ということでもあるからです。念の存在を理解し、努力をすることで、陰の念を陽に変えることは可能になるのです。

◎〈旭兄弟のスキャニング〉「騒音おばさん」は念増幅の典型例

「騒音おばさん」として、世間を騒がせた女性のことを覚えているでしょうか？

彼女も、霊障によってああなったわけではありません。もともとエスカレートしやすい性格の持ち主だったのが、ちょっとしたきっかけで陰の念が増幅し、悪の想念を作りだしていった典型的な例なのです。

注意していただきたいのは、念は性格を超越する、ということです。つまり、もしあの女性が陽の念をもっていれば――もともと性格的にエスカレートしやすいものをもっていたとしても――あそこまで極端な行動はしなかったはずなのです。ところが不幸にも陰の念をもっていたために、些細なことが引き金となってしまったのでしょう。

このとき、被害者の方が、彼女と直接対峙するのを避けたことは、きわめて賢明な判断でした。もしも同じように攻撃的になったり、対抗しようとしていたら、陰の念と陰の念がぶつかりあい、悪循環となって殺人事件など最悪の結果を招いた恐れもあるからです。

◎〈旭兄弟のスキャニング・カルテより〉小さな誤解から生まれた陰の念の争い

これは、あるお寺の檀家さんどうしの間で起こったトラブルです。

L男さんとお寺の総代長のM男さんは、お互いに町議会議員の経験者でした。L男さんのお父さんもM男さんのお父さんも（ともに故人）町議会議長を務めたことがあって、もともとふたりは仲がよかったのですが……。

その地域では、お墓とは別に、何回忌かの記念に石碑を建てる習慣があります。以前、M男さんがお父さんの碑を造ったので、L男さんは、自分のところでも父の十三回忌に碑を造ろうと思い、地元の石材店に頼むことにしました。

ところがこの石材店が、陰の念をもっていたのです。石材店は自分の造った碑を自慢したくて、「この碑はいちばんいい石で造った」とか「大きくて立派だ」とかさんざん自慢しました。しかもそのとき、悪いことに別の石材店が造ったM男さんの家の碑を引き合いに出したのです。

まわり回ってM男さんの耳にこの噂が入ったときには、石材店ではなく、L男さん本人が石碑を自慢している、M男さんの家の碑の悪口を言っている、というふうに変わっていました。

もちろんM男さんは面白くありません。そこで、L男さんの石碑は敷地を少しはみだしている、と敷地問題にケチをつけはじめたのです。仮にはみだしていたとしても、ほんの数センチ程度のことで、田舎ですから金額的にも大したことはありません。ふだんならばまったく問題にならないようなことなのですが、裁判の一歩手前の調停までいく大騒ぎになってしまいました。

これなどは、「悪口を言われている」というM男さんの陰の念が、さらなる陰の念を呼び寄せ、増幅するという悪循環に陥ってしまったということが、よくわかるケースといえるでしょう。

幸い、お寺のお坊さんが仲裁役を買って出てくれて、最終的にはお互いの誤解だったこと、石材店が原因だったことが判明してことなきを得ました。お互いに冷静に話し合うことで、争いは収まったのです。田舎は交流の密度が深いこともあり、たとえ些細なきっかけでも、こじれはじめたら収拾がつかなくなる怖さがあります。

でも、話しあいによって解決することは、絶対に可能なのです。

もちろん、もしも最初からお互いがしっかりと話し合っていれば、そもそもこんな争いになどならなかったはずなのですが、感情という陰の念が優先してしまい、大きな争いとなってしまったのでしょう。

◎〈旭兄弟のスキャニング・カルテより〉第三者の陰の念が、親友の仲を裂いた

銀行に務めるN男さんとP太さんは、同期入社の三十代。ふたりとも仕事ができ、常に切磋琢磨しあうよきライバルであり、親友でもありました。

ところが、P太さんがある仕事の提案をしたときのことです。いつものようにN男さんが「そこはこうしたらいいんじゃないかな」と指摘をしました。すると翌日から、P太さんの態度が急変したのです。まるでN男さんを敵対視するような感じでした。

P太さんのあまりの豹変ぶりに、N男さんは、もしかしたら何か霊的なものに影響を受けているのではないか、と心配しました。そんなことはこれまでに一度

もなかったのですから無理もありません。

Ｐ太さんの写真をスキャニングしてみると、夫人からの強烈な陰の念を感じました（Ｎ男さんは独身でしたが、Ｐ太さんは結婚していました）。おそらく、家でＰ太さんが会社での出来事を話したときに、夫人がＮ男さんに対して批判的なことでも口にしたのでしょう。その夫人の陰の念がＰ太さんに伝染し、おかしな態度となって表れたのです。

改めてＮ男さんの気持ちを確かめると、Ｐ太さんと仲直りをしたいといいます。そこで、Ｐ太さんの態度が変わったのは、夫人の陰の念による影響であることを説明しました。それは彼の意志ではなく、ちょうどウイルスに冒されているようなものだと伝え、その陰の念を解放する方法を教えました。

ここで大切なのは、夫人のことにはもちろん触れず、Ｐ太さんの心を開かせるために、Ｎ男さんがまず「悪かった」と詫びることでした。自分に非があるわけでもないのに謝るのは、プライドもあって難しかったと思いますが、友情のためにＮ男さんはあえて謝罪をしてくれました。勇気ある行動で、なかなかできることではありません。N男さんの陽の念が、P太さんの陰の念の増幅を阻止したのです。

ともあれ、こうしてN男さんは、今ではP太さんとの仲も元通りになり、以前のようにともに仕事に励んでいるといいます。

これは、P太さんの夫人の陰の念を、N男さんの陽の念が見事に封じこめた好例といえるでしょう。

3 霊現象の見分け方

霊現象と呼ばれるものは、たしかに存在します。だからといって何でもかんでも怖れる必要はありません。

不必要に霊現象を恐れることは、むしろマイナスなのです。ときには毅然とした態度で霊現象に対峙することも必要です。

そのためにはまず、その現象が本当に霊現象なのか、霊現象だとしたら悪霊（陰の念）によるものなのか、善霊（陽の念）によるものなのかを見極めることが大切です。そのとき、現象の示す意味や、正しい対処方法を知っていれば、何も恐れることはありません。

当たり前ですが、多くの人は、霊を直接見たり、感じたりすることができません。でも、霊現象を見分けることはできるのです。

まず、悪霊は陰の念ですから、なによりも恐怖心を好み、冷静さを嫌います。陰の念は同じ陰の念である恐怖心と共鳴し、陽の念である冷静さとは反発するからです。そのため、冷静になることが絶対に必要となります。

あなたがもしも「霊現象かな」と思ったら、次のふたつの方法で、それが悪霊（陰の念）によるものかどうかを見極めてください。

（1）お香を焚いて、紙に書きだす

一　起こった現象を細かく紙に書きだす。

二　お香を焚く（できれば恵香が効果的）。

三　十分くらい経ったら、そのときの現象を細かく書きだす。

霊現象と、霊現象によく似た現象6種類

（1）悪霊による霊現象

死霊、生き霊を問わず、人や動物の怨念・邪念によって、心身に害が生じる。

（2）善霊による霊現象

先祖や身内などの霊が、難を知らせてくれたり幸をもたらしてくれる。

（3）天罰、祟り、戒めとしての現象

神や霊を祀った場所、立ち入ってはいけない聖域などを破壊したり汚したりしたときに、死や病、一族崩壊などの災いに見舞われる。

（4）啓示、お告げとしての現象

天や神から伝えられるメッセージ。

（5）自然超常現象

地球内部から湧き出すエネルギーや磁場により、心身に害をもたらす。現在の科学では解明できない物理的な現象。

（6）思いこみから生じた想念による現象

幻影が見える、気配を感じるなど、霊現象によく似ているため間違いやすいが、霊現象ではない。被害妄想化した想念が、憎しみの対象者を作り出し、害を及ぼす。

↓お香を焚く前より現象が収まった、減ったという場合……悪霊〔陰の念〕による現象（※悪霊〔陰の念〕はお香の良い香り〔陽の念〕を嫌うので、これは悪霊〔陰の念〕対策にもなる）

↓お香を焚く前後で現象に変化がない場合……善霊〔陽の念〕や神の戒めなどによる現象

（2）心でにおいを感じてみる

訓練すればだれでも、心でにおいを感じわけることができるようになります。これは鼻、五感で感じるにおいではなく、いわゆる第六感で感じるにおいです。毎日三十分くらい、目を閉じ、意識を集中して心でにおいを感じるようにしてみましょう。このようにして、もともと人間がもっていた感性を再び目覚めさせるのです。

この感性は、科学の発達とともに退化してしまった、人間がもともともっていた能力です。ですから、努力次第で取り戻すことは可能なのです。

こうして、何か現象が起こったときに、心でにおいを感じわけることができるようになれば、悪霊（陰の念）か善霊（陽の念）か、あるいはそもそも霊ではないのか、ちゃんと判断ができるようになります。

別表にまとめておきますが、悪霊のにおいは生臭いような、なまものが腐ったような悪臭のイメージで、善霊のにおいは良い香りのイメージがします（一三四ページ図参照）。

4　霊現象（？）にはこう対処する！

（1）悪霊による霊現象の場合

◎〈旭兄弟のスキャニング・カルテより〉原因不明の痺れは水子霊の祟り？
Q子さんが訴える症状は、左足が痺れて感覚がない、夜、寝ているとたびたび金縛りに襲われて熟睡できない、身体のあちこちに突然アザができたかと思うと、それが一週間くらい残る……などでした。病院で検査しても、原因や病名ははっきりせず、体調は悪くなるばかりだというのです。

「もしかすると、悪障かもしれない」という知人の勧めで地元の霊能者を訪ねると、「水子の霊が取り憑いている」と言われたそうです。

でも、Q子さんには水子など、まったく身に覚えがありませんでした。そう言うと霊能者は、「三代前の水子の霊が、あなたたちの幸せを妬んでいるのだ。早く除霊と供養をしないと、娘さんにも取り憑くようになってしまう」と言ったそうです。

当時、Q子さんの人生は順調そのものでした。家業を継いだ長男には子どもが生まれ、次男は医学部を卒業して医者としての道を歩みだし、長女は間もなく結婚する予定でした。

まさに絵に描いたような幸せを壊したくなかったQ子さんは、その霊能者に除霊を依頼し、菩提寺に供養塔まで建てたといいます。ところが体調はよくなるどころか、かえって悪くなる一方。ついには左足だけでなく、右足まで痺れるようになってしまったのです。

Q子さんが、娘さんと一緒にいらっしゃったのは、そんなときでした。

実はお会いするなり、彼女から霊（陰の念）特有の強烈な悪臭のイメージを感じました。また、女性の霊の影のようなものも見えました。「霊の影」というのは、霊本体はそこにはおらず、残像だけが見えたのです。

というのも、悪霊はそもそも陰の念ですから、悪霊が憑いた人が神域に入ったり、強い陽の念をもった霊能者の近くにきたりすると、その場の陽の念と反発して、一時的に憑いた人から離れることがあるのです。

この霊の念の正体は、白人女性の念でした。もともとある家具に憑いていた霊（念）だったのですが、スキャニングの結果、その憑いた家具をたまたま使っていたQ子さんの念と波長が合ってしまい、悪影響を及ぼした、ということもわかりました。そこで太郎はQ子さんに、こうたずねたのです。

「十一月か十二月ごろ、何か外国のものを買ったり、人から頂いたりしたことはありませんでしたか?」

「ええ、十一月にオークションで、十八世紀のヨーロッパの家具を買いました」

Q子さんは、即答しました。その家具というのはベッドで、二台、セットで買ったそうです。太郎は、「原因はそれだ。このベッドに女性の怨念が憑いているに違いない」と感じたので、「家に帰ったら、そのベッドをくまなく調べてください」と指導しました。

すると翌日、娘さんからあわてて電話がかかってきたのです。

「母のベッドを調べたらシミが浮きでていたので、布を剥がしてみたところ、血糊のようなものがべっとりとついていました。父のベッドも調べましたが、こちらは何ともありませんでした……母は、気が動転してしまって……」

太郎は、急遽スケジュールを調整してQ子さん宅へ飛んで行き、すぐに除霊（陰の念の除去作業）を行いました。

ベッドに憑いた霊は四十代後半の自殺した白人女性の念で、どうやら夫に先立たれたようです。悲しみの念を強く感じました。

太郎はその霊の念に陽の念をふきこみ、さらにベッドやQ子さんにも陽の念を注ぎこんで反発を誘発させ、浄霊を行いました。そしてQ子さんの痺れた足に気を入れると、浄霊と気の効果で、足の痺れはだんだん治まっていったのです。その後、ベッドは神社でお炊きあげしてもらいました。足へ気を入れる療法はしばらく続けて、三か月後にはQ子さんはすっかり回復したのです。

陰の念はこのように、人の体調にまで影響を及ぼします。

また、悪霊といってもすべてが凶暴なわけではなく、このケースのように、なかにはかわいそうな事情を抱えた霊（念）もいます。どちらにしても、ただ追い払うのではなく、陽の念で包みこみ、きちんと浄霊してあげることが大切なのです。

（2）善霊による霊現象の場合

◎〈旭兄弟のスキャニング・カルテより〉昇進の内示があるたびに麻痺が

東大卒業後、大手商社に入社したR男さんは、二十六歳で本社の係長、二十八歳で課長に昇進し、順調に仕事をこなしていました。私生活でも、結婚し、子どもにも恵まれて充実した日々を送っていたのです。

ところが、三十六歳で部長昇進の内示という、大抜擢を受けた夜のことです。家族と夕食をとっていると、突然ものすごい閃光を受け、R男さんは気を失ってしまいました。

気がつくと、夫人が頭を冷やしてくれています。閃光のことを尋ねると、「そんなものはなかった」と言います。そうか、閃光ではなくめまいだったのかと思ったR男さんは、立ちあがろうとしましたが、下半身にまったく力が入りません。

痛みはなかったので、翌日になってから、病院で検査を受けました。けれどもどこにも異常はなく、麻痺の原因も不明。仕事のストレスではないか、と医師に言われ、半月ほど入院治療を受けたのですが、一向によくなる気配はありません。

仕方なく、部長昇進の話は辞退することになりました。

すると――なぜか急に、下半身に力が入って歩けるようになったというのです。

それから約二か月後、R男さんのかわりに昇進した新部長は、癌が発見されてリタイヤしてしまいました。すると再び、R男さんに声がかかりました。部長昇進は諦めていたR男さんでしたが、チャンス再来と喜んで受けたところ、あろうことか、また下半身が動かなくなってしまったのです。

さすがに二度も上司を裏切るようなことになってしまっては、大企業での出世競争は難しくなります。復帰後、もう出世はあきらめたというR男さんは、関西支社に異動になりました。そこで三年……なんとまたしても、本社の専務から「部長に推挙しようと思うのだが……」という打診を受けたのです。

嬉しい半面、また麻痺が起こるのではないかと不安になったR男さん夫妻は、大阪の霊能者を訪ねて相談してみることにしました。するとその霊能者は、「霊障だから部長は辞退するように」と言うのです。どこか釈然としないまま家に戻ると、R男さんの妹さんが家の前で待っていました。

「今日、なぜかこの本を買ってしまって……気づいたらここに立っていたの」

そう言って妹さんが見せた本が、私たち旭兄弟の本だったというのです。

何か不思議な縁を感じたといいながら、私たちのもとへやってきたR男さんをスキャニングすると、抹茶のような芳香と、藤色の着物を着た年配の女性がほほえんでいる念を感じました。これは明らかに、R男さんの身内の善霊（陽の念）です。つまり、霊障（陰の念）ではありません。突然の麻痺は、「悪いことではない」はずなのです。そこで、見えたままをR男さんに伝えました。

「年配の女性の霊（念）が、R男さんを見守ってくれています。小柄で細身な方です。藤色の着物を着ています。茶道を嗜む方のようですが……お身内にいらっしゃいませんでしたか？」

「……亡くなった祖母だと思います。お茶の先生をしていて、お茶会によく、好きな藤色の着物を着ていました」

間違いありません。でも、そうだとすればなぜ、おばあさんの霊（念）が孫の昇進を邪魔するようなことをしたのでしょう。そこで、R男さんが部長職を二度辞退して関西に転勤になった後、会社で大きな騒ぎや事件がなかったか、聞いてみました。すると、R男さんはこうおっしゃったのです。

「実は、私が部長に就任するはずだった部署で贈収賄事件が発覚したんです。マスコミにも連日報道され、担当の常務や部長、課長が逮捕されました。正直申しますと、あのときに部長になっていたら、自分が逮捕されていたのだと身の毛もよだつ思いだったのを覚えています。そのときは妻と『神様のお陰だね』と手を合わせました」

これでわかりました。そう、孫を愛しく思うおばあさんの念が、R男さんの念と共鳴して、一時的な麻痺を起こさせたのです。あるいはおばあさんの想いが天に通じて、神様が力を貸してくださったのかもしれません。

科学的な説明はできませんが、まさに神様の存在を感じる瞬間です。

「それなら、もう大丈夫です。麻痺は起きませんから、今回の昇進のお話は安心してお受けしてください。それと、落ち着いたらおばあさんのお墓参りに行って、お礼と報告をなさってください」

その後、R男さんは無事、部長に就任することができました。心配していた麻痺も起こらず、今まで以上に仕事に励み、次期取締役候補としても期待されているそうです。

このケースは、一見、霊障に思える出来事でしたが、実際には逆でした。R男さんは、強い陽の念をもっていたからこそ、祖母の警鐘に身体が反応し、天の恵みを得られたのでしょう。

(3) 天罰、祟り、戒めとしての現象の場合

◎〈旭兄弟のスキャニング〉富加町・町営住宅幽霊事件の真相

昭和四十四年に建てられた岐阜県富加町の町営高畑住宅では、平成十一年に高層住宅として建て替えられて以来、ポルターガイスト現象などのさまざまな怪異現象が起こるようになりました。一時期、ワイドショーや週刊誌でも大きく取りあげられたので、ご存じの方も多いと思います。いろいろな霊能者が「これは霊現象である」と判断し、霊を鎮める儀式を行って、幽霊騒動はいちおう収束したことになっています。

けれども私たちがスキャニングしたところ、「騒動」はまだ鎮まってはいませんでした。そこで、現地へ行って直接、調べてみたのです。

まず、地形的には、この町営住宅を挟んで西に春日神社、東に佐久太神社というふたつの神社がありました。春日神社はもともと古墳のあったところで、古くは山神様が祀られていました。佐久太神社もやはり古墳群があったところに置かれていて、この地域一帯を守っている神社でした。

さて、スキャニングしてみると、春日神社のある山神様を祀った古墳と、佐久太神社のある古墳は互いに強く引きあっており、両神社の間にレイライン（大地のエネルギーの流れ。この場合は、陽の念の強烈な流れ）が通っていることがわかりました。町営高畑住宅の高層部分は、ちょうどそのラインの障害物となってしまっていたのです。

なるほど、霊現象は確かに、建て替えて高層化したところで起こっていました。ある霊能者は、「鉄砲をもって戦う戦国時代の武士たちが見える」とおっしゃっていましたが、実はそれも間違いではありません。ただ、それだけでは、なぜ建て替え後になってから急に霊現象が起こるようになったのか、説明がつきません。でも、レイラインなら説明がつきます。住宅の高層化でレイラインが遮断されてしまい、それまでレイラインの強烈な陽の念にはじきとばされていた陰の念（霊）が出てきた、ということなのです。

したがって、きちんと霊現象を鎮めるには、将来的にレイラインを復活させなければならないでしょう。町営住宅を取り壊すのは現実的には無理ですから、春日神社側と佐久太神社側に祠を祀り、祠の正面をお互いの神様へ向けてラインを復活させるのです。地元の神主さんが祭祀を行えば、さらによいでしょう。

たとえ今は霊現象がおさまっていたとしても、こうして遮断されたレイラインを復活させない限り、いずれまた霊現象が起こってくると思います。

（4）啓示、お告げとしての現象

◎〈旭兄弟の体験から〉金色の光が降りそそいできた！

これは、太郎の体験談です。

「もう何年も前ですが……。

私が、相談者の悪い念を吸い取った後遺症で、高熱を出して寝こんでいたときのことです。何とも言えない、いい香りが漂ってきて、不思議な金色の光が天から降りそそいできました。そして頭のなかに、こんな言葉が聞こえてきたのです。

『四年後に、弟・大助の扉が開く』

今、一緒に活動している弟の大助は、まだこのときには少年といっていい年齢でした。彼が生まれつき、私同様、霊や念を感じる特殊な能力をもっていることは知っていました。人の病気の部位がわかったり、そこに手を当てると痛みが和らいだなどということは、それまでにも多々ありましたから。

ところが、この『四年後』というのは、そんなレベルの話ではなかったのです。

まさに、ひとりの霊能者としての『覚醒』でした。

言葉どおり、四年後に大助の能力は見事に開花し、より高い精度で病気を見分けたり、霊を感じたりできるようになったのですから——。

もちろんその後は、兄弟で協力することによって、より一層効果的なスキャニングを行えるようになったのです」

（5）自然超常現象の場合

◎〈旭兄弟のスキャニング〉分杭峠はパワースポット

長野県にある分杭峠は、「パワースポット」「ゼロ磁場地帯」として話題になったことがあります。良質な気が集まる気場だ、ここの水は気が豊富で美味しい、と評判が評判を呼び、たくさんの人々が訪れるようになりました。

実はここは、地球の内部から生じる良いエネルギー磁場の影響を受けているのです。

もちろん、反対に悪い磁場の悪い影響を受けてしまう場所もあります。

本来、人間にはこうした場の良し悪しを見分ける能力が備わっています。それには、心を澄まして、じっと地球のささやきに耳を傾けることです。

(6) 思いこみから生じた想念による現象の場合

◎〈旭兄弟のスキャニング・カルテより〉後輩が生き霊を飛ばしてくる!?

「娘が高校二年生の終わりごろから部屋に閉じこもりがちになり、意味不明の言動をするようになった」

S子さんのお母さんから相談を受けました。明るくて美人だと評判の娘さんだったそうですが、高校の後輩のT美さんが怖い、生き霊を飛ばしてくる、殺さなければ殺される、と口走るようになったというのです。

高校卒業後は進学を断念し、病院での治療やカウンセリングも受けましたが、よくなりませんでした。藁をも掴む思いで複数の霊能者に除霊してもらったものの、そこでも効果はなかったとのことでした。

初めて会ったとき、S子さんはずっと私をにらみつづけていました。彼女は私を、品定めしていたのです。そこでS子さんに、

「始まりは部活動だったんですね。詳しく聞かせてください」

と話しかけると、S子さんは飛びあがるほどに驚き、信じられないくらい饒舌に話しはじめてくれたのです。

彼女はそれまでの経験から、人を信用していませんでした。彼女に接したたくさんの大人たちは、だれもが彼女の話を「本気で」は聞いてくれなかったのです。でも、いきなり本質から切りこんだ私に、彼女は一発で信頼を置いてくれました。信頼関係さえ築くことができれば、想念も取り払いやすくなります。

「中学、高校と吹奏楽部でした。高校では一年生のときからトランペットを担当し、レギュラーとして活躍していました。先生や先輩からも誉められ、『将来は部長だ』と言われて、張り切っていました。

二年生になったとき、一年生のT美が入部してきました。初めはとても素直ないい子だと思っていたのですが、やがて彼女は本性をあらわしはじめたんです。ぶりっ子で先生や先輩に媚びを売るのがうまく、みんながだまされました。彼女の本性を見抜くことができたのは、私だけです。

三学期になると、私はトランペットからユーフォニウムにパート替えになり、

T美がトランペットのパートになりました。これが、T美が仕組んだパート替えであることはすぐにわかりました。先生に抗議しましたが、『S子は音感もいいし、肺活量も大きいから、ユーフォニウムに抜擢した。他にできる人がいないんだよ。吹奏楽は全員で作りあげるものだから、パートになんかこだわるな』と言われてしまいました。

それでも私は我慢して部活を続けましたが、T美はますますつけあがっていきました。そして私が彼女の本性に気づいていることを知り、私を警戒するようになったんです。

なぜ、そんなにかわいくもないT美がみんなをだまし続けられるのだろうか、と考えました。きっと黒魔術か何か、人の心を操る方法を使っているに違いありません。そのことにすぐに気づかなかった私も迂闊でした。このままでは、秘密を知った私は狙われる、と危険を感じ、吹奏楽部を辞めたんです。

けれどもT美は、自分の秘密を知られないように……秘密を知ってしまった私に生き霊を送って、口封じをしようとしているのです」

こうして、自らの思いのたけを吐きだすかのように、一気に話すS子さん。でも、多少、異様な雰囲気こそ感じましたが、別に嫌なにおいは感じません。彼女が主張するような、生き霊だとか悪霊だとかいった、陰の念の仕業ではないことは、はっきりわかりました。

では、原因は何だったのでしょう？

病院の診断どおり、彼女は精神的な病による被害妄想だったのです。強い思いこみが想念となり、病を呼び寄せ、妄想を抱くまでになったのです。最初に感じた異様な雰囲気は、彼女自身が作りだしている想念の悪気、悪い念、それも強烈な陰の念でした。

彼女の妄想をなくし、病気を治すには、まずは思いこみからくる想念を取り除かなければなりません。そこでS子さんのお母さんにだけ事実をお話ししました。

「霊障ではありません。彼女自身の思いこみが作りだした想念によるものです。パート替えをきっかけに、自分はT美さんのことを前から嫌いだったと思いこんでしまったのです。T美さんの容姿に対する嫉妬もあったと思います。そのころ、

S子さんは容姿にコンプレックスをもちはじめていませんでしたか?」

お母さんによると、やはり当時、S子さんは顔にニキビが増え、少し太ったことをとても気にしていたとのことです。しかも、吹奏楽部を辞めてからは、二十キロ近くも太ってしまったそうです。

「でもね、お母さん……S子さんがT美さんに会わなくて済むようにと、部を辞めたことはよかったんですよ。被害者意識を直接、T美さんにぶつけずに済んだからです。

想念はこちらで取り除きますが、病院での治療はきちんと続けてください。それから、本当のことはまだS子さんには告げず、週に一回ここへ通ってください」

そう伝えると、お母さんも納得してくださいました。そこで次にS子さん本人を呼んで、こうお話ししました。

「まず大切なのは、S子さん自身が生き霊を受けないような身体、はねのけることができる身体になることだよ。T美の送ってくる念なんて、子どものいたずらのようなものだから、大丈夫。私たちにまかせなさい」

そして次の四つを指導しました。

一　週に一度は念を入れるためにここへ通う
二　悪霊は醜いものが好きなので、痩せて美しくなる
三　悪霊の嫌いなお香を焚く
四　体内の循環が悪くなると、悪霊につけいるスキを与えてしまうので、エクササイズを行う

S子さんは納得して、これらを実行することになりました。

まず一〜三を行い、自分で運動ができるくらいにまで回復した三か月後くらいから、私たちが考案した四のエクササイズを加えたのです。

これらが功を奏し、通院治療も続けたS子さんは、一年半も経ったころには完全に回復しました。体重も元通りになり、もともと美人だったS子さんは、びっくりするくらいきれいになって、すっかり自信を取り戻したのです。

T美さんのことには、いつのころからかまったく触れなくなっていました。おそらく、霊障などではないと、自分自身でも気づいたのでしょう。

このようにときとして、癒すためには真実と異なることを告げ、実行可能な指導を加え、治癒力（陽の念）を高めることも大切な指導法なのです。

5　霊障、念障を寄せつけない！

生きている人の念や、亡くなった人の念にかかわらず、陰の念を寄せつけない（または取り去る）ための「作法」があります。

なかには、土地に結界を張るなどの本格的なものもあるのですが、ここでは自分でもできる簡単なものを、三つほど紹介しましょう。

一　印を結ぶ

目的に応じて、五つの印をお教えしています（一五九ページ写真）。どれも簡単ではありますが、高い効果が実感できると評判のものばかりです。なお、印の意味にはさまざまな説があるのですが、私たちの解釈は次のようなものです。

苦遠印《くおんいん》
心が苦しい、辛い、イライラしているときに用いる印。イライラを解消し、冷静な判断ができるようにしてくれる。

妙見印《みようけんいん》
自分に対して感情的になっている相手に用いる印。相手に「こうなってほしい」と願う。

不動明王印《ふどうみようおういん》
周囲の人を苦しませたり、まわりに辛い思いをさせている人に用いる印。本人にそれをわからせ、罰を与え、反省させる。

智拳印《ちけんいん》
試験のときなどに用いる智慧の印。研究者、学者、受験生などが、それまで学んできた実力を百パーセント発揮させることができる。

大日如来印《だいにちにょらいいん》
家族や社員など、仲間がバラバラになってコミュニケーションがとれないときに用いる印。家族円満を願ったり、一致団結してひとつの目標に向かっていけるようになる。

二　お香を焚く

悪霊や陰の念を寄せつけないようにするためには、まず自分の心中の悪い念を追い払うこと、陰の念を陽の念に変えることです。陰の念をなくすには、恐怖心やネガティブな念をなくし、冷静になることが第一です。そのときに効果的なのが、お香です。

五感のうち、念ともっとも直接的にかかわってくるのが、においです。たとえばキンモクセイや桜などの良い香りにほっとしたり、あるいは年配の方でしたら、サンマを焼くにおいやお味噌汁のにおいに懐かしさを感じたりすることでしょう。このように、においは脳に直接影響を与える作用があります。ということは、念とも密接に関係しているのです。良いにおいは念を転換する作用もあるので、陰の念を陽の念へ転換するカギとして活用することができるのです。

苦遠印

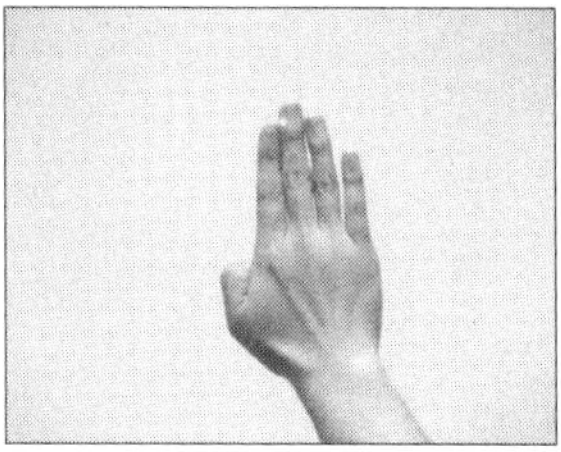

妙見印

不動明王印

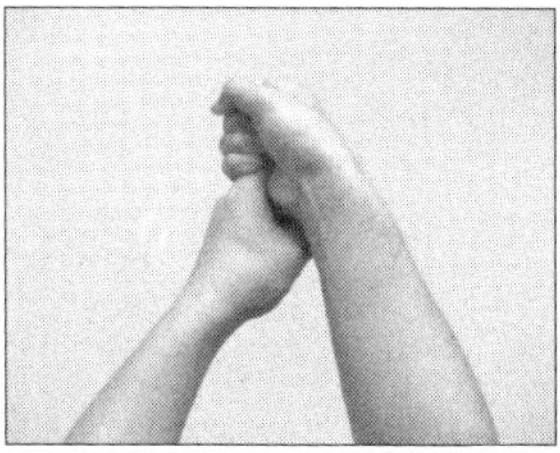

智拳印

大日如来印

また、においは五感のなかで唯一、避けることができないものでもあります。たとえば、見たくないものは目を閉じればいいし、聴きたくないものは耳を塞ぐことでシャット・アウトすることができます。もちろん、味覚や触覚は食べたり触ったりしなければすむわけですが、においの場合、鼻をずっと塞いでおくことはできません。

ともあれ、お香の良い香りには、気持ちを落ち着かせてくれる作用があります。また、その前に「お香を焚こう」と行動を起こすことも、気持ちを冷静にさせてくれるのです。悪霊や陰の念は陽の念である良い香りを嫌いますので、一石二鳥です。

私たちは、これまでの経験から、とくに陰の念を払い、運気を向上させるのに良いお香「恵香」をつくりました。香りも良く、効果も高いと自負しています。

また、霊障とは関係なく、ふだんから帰宅したときや就寝前などにお香を焚くと、昼間のストレスから解き放たれ、冷静になって心身をリフレッシュさせることができます。

三　祝詞を唱える

祝詞《のりと》をご存じでしょうか？　これは、神道において、「神の徳を称え、崇敬の意を表す言葉」とでもいうようなものです。

祝詞では、言葉の意味に力があるというより、むしろ言葉の響きが大事だとされます。ですから、意味がわからなくても大丈夫。祝詞を唱えるという行為自体が、心を冷静にしてくれるのです。

祝詞にはさまざまな種類がありますが、次ページに紹介した祝詞は、私たちが結界を張るときにも使うもので、浄めの効果があります。また、感謝の意、願いを聞いてくださいという意もありますので、どんなときにも使えます。

祝詞は、「一」で紹介した印とあわせて行うと、本来の力を発揮することができます。たとえば心が苦しいときには、苦遠印を結んでこの祝詞を唱え、「この苦しさがとれますように」と願うのです。

――浄めの祝詞――

吐普加身《とおかみ》　衣身多女《えみため》

寒言神尊《かんごんしんそん》　利根侘見《りこんたけん》

波羅伊玉意《はらいたまい》　喜余目出玉《きよめたまふ》

6　人類誕生から土地に染みついた念の恐ろしさ

土地にはそれぞれ、人類の誕生から現代に至るまでの永い歴史があります。その間、その土地ではさまざまな人が生まれ、生活し、亡くなってきました。その歴史のなかには、非業の死を遂げたり、悲惨な生活を強いられたりした人々もいます。近年には世界規模の戦争もあり、戦闘や空襲などで罪のない多くの人々が理不尽な死を遂げてもいます。

こうした、永い年月にわたるさまざまな苦悩や憎しみが、次々と怨念となって土地に漂い、染みついてきました。そのため、現在では土地そのものが陰の念となってしまっているのです。

一方で人間が、経済的に発展し、人口も増加。その結果、ありとあらゆる土地が開発され、人が暮らすようになり、土地に染みついた悲惨な歴史も忘れられてしまいました。

また、死者を葬るために保護された場所や、聖地として永年、人が踏み入ることを禁じられた場所も、人々の記憶からは薄れつつあります。

ところが――その土地の陰の念が、土地にかかわる人や暮らす人の念の波長と合致したとき、大きな災いが起こるのです。陰の念をウイルスにたとえるなら、土地の陰の念は、霊魂の陰の念などとは比較にならないくらい強烈なウイルスなのです。

私たちが感じるところでは、西暦二〇〇〇年くらいから土地の陰の念がどんどん強くなり、表面に出てくるようになってきたように思います。
なぜなのか、理由まではよくわかりません。でも、もしかすると生命体としての地球のバイオリズムが、そういうサイクル、仕組みになっているのかもしれません。

◎〈旭兄弟のスキャニング・カルテより〉引っ越したら半身不随に

U男さんは、今の家に引っ越してきたとたん、脳神経障害による下半身不随に見舞われてしまいました。それもそのはず、家や土地の写真をスキャニングしたところ、土地についている怨念（陰の念）と波長が合ってしまったために、U男さんの治癒力が極端に低下していることがわかりました。U男さんは特に感受性の強い方でしたので、念の影響も受けやすかったのです。

まずは低下してしまったU男さんの治癒力を上げ、病院の治療が百パーセント効果を発揮できるようにすることが肝心だと考えた私たちは、土地に憑いた念を浄化するための結界を張ることにしました。

塩と水晶を使った鎮魂・結界を行うと、翌日にはさっそく、効果が表れました。朝の目覚めのときから、もう違ったそうです。こんなに爽快な目覚めは久しぶりだというU男さんは、リハビリにも前向きに取り組むことができるようになったのです。

その後、U男さんの症状は日に日によくなっていきました。半年ほど経った現在では、自力で歩けるほどに回復したのです。

病院からは、このまま治療とリハビリを続けていけば、発病前の状態に回復することも可能だ、と言われているそうです。

◎〈旭兄弟のスキャニング・カルテより〉熟年離婚を考えた夫婦の危機を回避

V子さん夫妻は、約十年前に今の家に引っ越してきました。

もともと仲の良い夫婦だったのですが、なぜかここ数年、夫婦仲がうまくいかないといいます。夫のイライラがひどくなり、V子さん自身もイライラしがちになりました。更年期障害かな、と思っていたそうですが、夫がちょっとしたことで大声をあげて怒るようになると、いつしか熟年離婚まで考えるようになったのです。

そんなとき、娘さんが私たち旭兄弟の本を読み、V子さんに「何か原因があるかもしれないから、一緒に訪ねてみよう」と言ってくれたのだそうです。

家の写真をスキャニングすると、どうも死者を葬る地域だったところに家が建っているような感じがしました。調べてみたところ、そこは今でこそ高級住宅街になっていますが、もともとは「○○塚古墳」というような名前のついた史跡の一角だったのです。

「更年期障害だと思っていらっしゃるようですが、寒気がする、悪寒が走る、湿気を感じる……などはありませんか？　もしもあったなら、それはここ二、三年のことではありませんか？」

そう問うと、その通りだと言います。家の近所をさりげなく見渡してみると、やはり家庭内がうまくいっていない家や、家族の病気など何かしらの問題を抱えている家が多いこともわかりました。

このケースでは、家の周囲に結界を張るのが最善です。

通常、結界を張るときは水晶を四つ使うのですが、このときには八つ使いました。

結界を張ったという安心感もあったのでしょうが、ご夫婦とも、イライラの原因が自分の性格や相性的なことではなかったことがわかり、今では元どおりの仲の良いご夫婦に戻られています。

7　結界を張って土地の念を浄化

以上のケースでおわかりのように、結界にはきわめて高い効果があります。

とくに、災いの原因が土地の怨念（陰の念）にあるとわかったときには、何をおいても結界を張ります。土地を浄め、怨念を鎮めて、もう二度と怨念や悪霊などの陰の念が入ってこられないようにするのです。

また、鎮魂には水晶、結界には塩を用います。

まず土地の四隅に穴を掘って水晶を埋めます（アパートやマンションなどの場

合は、部屋の四隅に塩を盛った小皿を置き、その上に水晶を戴せます）。

そのとき、ひとつの角に水晶を埋めたら、土地の辺に沿って次の角まで、塩で線を描くようにします。そしてその角に水晶を埋めたら、また同じようにして次の辺に沿って塩で線を描き、次の角に水晶を埋める……それを繰り返しながら、土地のまわりを一周します。そして、浄めの祝詞（一六二ページ参照）を唱えるのです。

こうして四隅に埋めた水晶は、まさに柱（神柱）の役割を果たします。土地に染みついた念を水晶が吸いあげ、柱を通って天まで上げてくれるのです。

天に上がった怨念はどうなるのかというと、天上界が浄化してくれます。

また、四辺の塩は壁（神壁）となって、外から新たな悪念（陰の念）が入ってこられないように守ってくれます。

これが基本となる結界の張り方ですが、場合によっては四隅だけでなく東西南北の四方位を加えた八か所に水晶を埋めることもあります。前述のケースなどはまさにそれで、土地の念の深さ、強さによって使いわけるのです。なお、土地の

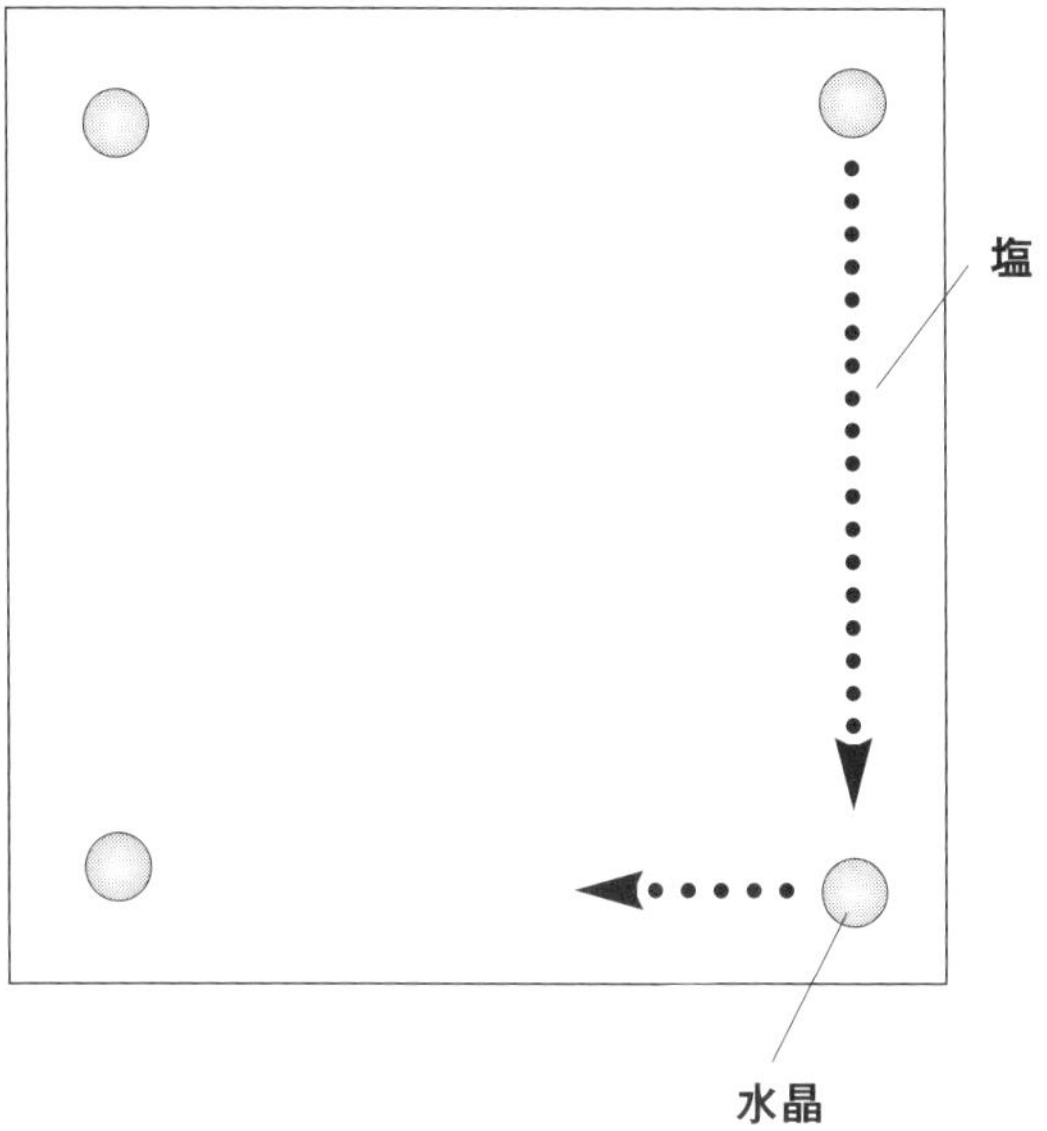

結界の張り方
水晶は柱となって土地を浄化し、塩は壁となって悪い念から守ってくれる。

広さは関係ありません。

ただし、この結界も、必ずしも万能というわけではありません。ごくまれに、地域一帯にあまりにも強烈な怨念がついているため、その家の周囲だけに結界を張っても無理、ということもあるのです。それほどまでに、土地に憑いた念は恐ろしいのです。次に、そんな例を紹介してみましょう。

◎〈旭兄弟のスキャニング・カルテより〉町ごと結界を張る……？

W男さんが住んでいた場所は、昔の処刑場の跡地でした。その後、工場が建ったのですが、第二次世界大戦のときに空襲を受け、工場で働いていた人たちが何百人も亡くなったという悲しい歴史もありました。

ずっと後になってから、そこは更地になり、住宅街として開発されたのですが、開発当初に建てられた家のうち、今も人が住んでいるのは三分の二くらいです。というのも、どの家も何らかの問題を抱えていたようで、町もなかなか発展しなかったのです。

W男さんはその土地で商売をしていたのですが、経営がうまくいかないことや、家族の病気などに悩んで、相談にみえました。

スキャニングしてみると、その土地についた怨念（陰の念）はたいへん強烈なものでした。もしもそれを追いだそうとするなら、それこそ町全体に結界を張らなければいけないくらいです。しかも困ったことにW男さんの家は、町のちょうど中心部に建っていたのです。

さすがに、これではとてもW男さんの家一軒に結界を張ったくらいでは太刀打ちできません、と移転を勧めました。

とはいえ、商売をなさっている以上、あまり遠くへは引っ越せません。そこで、家からほんの二百メートルくらい離れたところに移転し、そこで念のために結界も張ることにしたのです。

幸い、W男さんの家族は、体調も良くなり、商売もうまくいくようになりました。

怨念のある土地から離れたことによって、医学的な治療の効果も上がるようになったのです。

8　なぜ念障害を受けてしまうのか

念障害を受けてしまうというと、いかにもだれかの深い恨みをかったような印象を受けるかもしれません。でも、必ずしもそうとは限らないのです。

怨念（陰の念）というのは、「この人に崇ってやろう」と狙って憑くものではなく、念と念の波長が合い、共鳴したときに、たまたま相手の念の影響を受けてしまう、という性質のものだからです。どんなに強力な怨念でも、波長が合っていなければまったく心配する必要はありません。

ですから、念の影響を受けるのは、その人と関係があったかどうかよりも波長が合うかどうかにかかっています。もちろん、血がつながっている家族や親戚どうしは波長が合いやすい、という傾向はあるようですが。

また、人の念が物に憑くこともあります。人形や生き物の形をしたものには、とくに念が憑きやすいようです。もしかすると、人の想いがしみこみやすい形なのかもしれません。

殺人事件の場合には、殺した人間の波長と、殺された人間の恨みの波長が合いやすい、という特徴があります。そのため、殺した人間は、殺された人間の恨みの陰の念を受けやすくなるのです。よく、殺した相手が毎晩、殺人者の枕もとに立ったとか、取り憑かれて精神に異常をきたしたとかいう話を聞きますが、それにはこうした理由があるわけです。

ただし、殺した人間が根っからの悪党だという場合には、その人間自身の陰の念が大きすぎて、殺された人の念など感じないこともあります。

読者の皆さんは、そんなふてぶてしい人間は許せない、と思われるかもしれません。でも、実は本人が気づいていないだけで、心の深い部分では苦しんでいるのです。

なぜなら、どんな人でも必ず、どこかに陽の念をもっているからです。まわりから見る限り、とても陽の念をもっているとは思えないような悪人でも、自分では気づかないうちに、心の奥にある陽の念によって良心が苛まれているのです。

本書で何回も書いていますが、人はだれでも陰の念と陽の念をもって生まれてきています。そこにはただ、どちらが多いかという、バランスの違いがあるだけです。しかもそれは、生い立ちや環境、自身の努力などによって変わってくるので、必ずしも不変的なものではありません。

9 悲惨な事件は霊のしわざ？

世の中では、悲惨な事件が相次いで起こっています。これらを、霊の仕業だとか、霊による憑依が原因だという霊能者も多いのですが、実際には、憑依によって起こった事件、犯罪などはありません。

その仕組みは、人間がもつ陰の念と、霊や生きている人、土地などのもつ陰の念が共鳴・増幅することで精神不安定になり、憎しみの対象者を自ら作りだして犯罪を犯してしまう、ということにあります。

けれども、これらは別に、霊が人間の意識をコントロールして、「殺せ」と命じたりしているわけではありません。霊にはそんなことができるはずもないのです。

犯罪は、すべてその人が、自らの意識としてやっていることなのです。

10　念障害が引き起こした事件

◎〈旭兄弟のスキャニング〉奈良・医師宅放火殺人事件（放火した長男の念の状態）

〔事件の概要〕二〇〇六年六月、奈良県田原本町の医師宅が放火され、三十八歳の母親、七歳の男児、五歳の女児が死亡した（医師の父は不在）。高校一年の長男が逮捕されたが、死亡した三人は義理の母と弟妹だった。

この事件からは、父親の間違った教育熱心さの念を強く感じました。「勉強しなさい」というのは、親ならだれでも口にする言葉なのでしょうが、この父親の場合、それが極端だったのではないでしょうか。また、子どものなかでも長男にだけは、特別に厳しかったようです。

あまり人間性を重視せず、勉強さえできれば幸せになれるという親のエゴから、勉強のことばかりを言いすぎていたのだと思います。

亡くなった義理の母親も、口にこそ出さなかったものの、やはり父親と同じように「勉強しなさい」という念を発していました。放火した長男は、それを敏感に感じ取っていたのです。幼い義理の弟妹も、父親が兄を叱っている姿をおもしろがって見ているようなところがありました。

これでは彼には、「逃げ場」がありません。

父親をはじめ、母親や弟妹のそうした念がストレスとなり、事件の引き金となったのです。そこにはもちろん、もともと彼がもっていた、言い返すことが苦手で不満をためてしまい、言われたことを軽く受け流すことができない、という性格がありました。そこの部分で、念の波長が合ってしまったのでしょう。その結果、「家や机がなくなれば、勉強しなくてもすむ」「親がいなくなれば勉強のことをやかましく言われずにすむし、自由になれる」という空想をどんどん増幅させてしまったのです。

たとえば、父親に怒られても、母親がやさしく受け止めてくれるというふうに、どこかに心の拠りどころがあれば、結果は違っていたはずです。

逃げ道を失って追い詰められてしまったこの長男も、被害者のひとりであると言えるのではないでしょうか。

◎〈旭兄弟のスキャニング〉渋谷・歯科医宅兄妹殺人事件

〔事件の概要〕二〇〇七年一月三日、東京都渋谷区の歯科医宅で、長女の短大生・武藤亜澄さんのバラバラの遺体が発見された。まもなく、予備校の合宿に参加していた、兄で次男の勇貴容疑者が、十二月三十日に自宅で殺したことが判明する。

新聞などの報道によると、亜澄さんに「夢がないね」と言われたことが殺人の動機だと、勇貴容疑者は供述しているそうです。しかし、これは本当の動機ではありません。おそらく本当の動機は、一生彼は口にしないでしょう。

彼からは異常性癖のようなものを感じました。たとえば、血のついた下着が好きだというような……。これは、個人がもって生まれた性格的な面もありますが、たとえそういう性格が隠れていても、一生涯、表には出てこないこともあります。つまり、その人が育ってきた環境や、その人がもつ念の種類によって、変わってくるのです。彼の場合、幼いころからの環境によって、もともともっていた性格に火がついたのでしょう。

女性である亜澄さんは、兄のそういう異常さを前々から感じていたのではないでしょうか。そしてこの日、それを指摘した。亜澄さんは、勇貴容疑者のことを少し軽く見ていた部分があります。つまり、兄としては見ていなかった、ということです。彼女は何でもずばずば言う、感情が先に出てしまうタイプなのです。

こうして、一番言われたくないことを言われたことが、兄が妹を殺す動機になってしまいました。殺した後で死体を切り刻んだのは、ひとつには事実を隠滅したかったということもあるでしょうが、もしかしたら無意識のうちに、性的に異常な気持ちが高まったせいなのかもしれません。

考えてみれば、死体を隠すには、あまりにも幼稚な部分が目立ちます。普通、「サメが死んだから、(においがしても)開けないで」などと言われても、親なら、おかしいと思うはずでしょう。家族のコミュニケーションがふだんからあまり取れていなかったのではないか、と思われます。

歯科医の父親は、親として、子どもに愛や関心をあまりもっていなかったのです。教育熱心であっても、それは偏ったものだったようです。一方、母親には、精神状態が不安定でヒステリックな傾向が見られます。

たとえ息子がそういう性向をもっていたとしても、愛情をもって、親としてごく普通の教育をきちんとしてさえいれば、こういう結果にはならなかったはずです。

普通の教育というのは、そんなに大げさなことではありません。感謝の気持ちをもつこと、あいさつや礼儀作法をきちんとすること、命や物の大切さを教えること——というような、本当に基本的なことです。

勇貴容疑者には、発想力に恵まれた、才能豊かな面もありました。でも、陰の念を増幅させてしまったことで、せっかくの陽の部分が生かされなかったのです。

◎〈旭兄弟のスキャニング〉渋谷・エリート夫殺害遺体切断遺棄事件

〔事件の概要〕二〇〇六年十二月、渋谷区・新宿区で男性の切断遺体の一部が見つかった。二〇〇七年一月には、遺体の身元が判明。残りの頭部も町田市で発見され、妻の歌織容疑者が逮捕された。

容疑者の顔からは、霊（陰の念）が乗り移った気配などというものは、まったく感じられません。おそらくは、夫からの暴力によるストレスを受けて憎しみが増幅し、感情が高まった末の殺人という、典型的なケースでしょう。

殺害後、彼女が夫の遺体をバラバラにしたのは――もちろん、隠蔽したいということもあったでしょうが――何よりも夫の存在自体を目の前から消してしまいたかった、という気持ちが大きかったはずです。

殺した夫がそこにいる、という恐怖心も、バラバラにしてしまえばそれは「人間の死体」ではなく、「部品」になるからです。

おそらく殺害直後は、「バレたくない」という思いと後悔とで、パニック状態になったはずです。ただし、後悔とはいってもそれは、殺してしまって悪かったという謝罪の念による後悔ではなく、離婚など、もっと別の方法をとればよかったという後悔です。

殺した瞬間は、別れるだけでは済まないほど憎しみが頂点に達していたのです。もしもこのふたりが、カップルとして相性相談にきていたとしたら……？

お世辞にも、あまり相性がいいとは言えなかったでしょう。おそらくふたりは、お互いにお互いを表面的にしか見ていなかったのではないでしょうか。本来、パートナーを選ぶ際には波長が合い、それで「この人だ！」となって選ぶのですが、ふたりはそのとき、お互いに波長が乱れていたり、不安定だったりしたのでしょう。冷静な判断がつかなくなり、相手の奥に隠された本当の念が見えなかったのです。

そう、そのとき、波長が安定していればよかったのですが……なお、この「波長が安定している」というのは、「陽の念をもつ」という意味です。

歌織容疑者からは、外国の景色の映像を感じます。

外国というのは、彼女にとって自分を変えてくれるキーワードになっています。

過去に外国で、自分の人生が変わるきっかけになるような出来事があったのか、あるいは理想的な外国人の恋人と出会った、などの経験があるのかもしれません。もしもそのときに違う考え方ができていれば、環境も変わり、もっと波長の合う男性と出会っていた可能性もあるのです。

本人が意識しているかどうかはわかりませんが、彼女には外国の環境が合っているのです。

第四章　陰の念の悪循環を断て！

1　オーラの正体

よく、「あの人のオーラは青い」などと言う人がいます。でも、人によって決まったオーラの色があるというわけではありません。私たちが感じるのは、そのときのその人の念の状態、精神状態を表す光なのです。

たとえばある人を見たときに、その人の身体の具合の悪い部分が赤く見える、ということはあります。また、人がふたりいて、ふたりともオーラは赤色に見えたとしても、その意味するところはまったく違う、ということもあります。

そもそもオーラの色というのは、凝視しても見えません。目で見るのではなく、感性で見る、感じる色なのです。

私たちは、相手の念をにおいで感じることがありますが、それもオーラと同じように、鼻で実際にかいだにおいではなく、感性ににおってきたものなのです。

当然、色の種類についても、「オーラが白だから、清純な人」などという単純なものではありません。この色のオーラの人はこうで、この色のオーラの人はこうだなどと、簡単に決められるものではないのです。ですから、何色に見えるかより、それを見てどう感じたかのほうが重要なのです。

「黒だから陰の念」なのではなく、その人と黒を重ねて、どう感じるかを判断するのが私たちの仕事といってもいいでしょう。色のイメージだけで判断してはいけません。

オーラには、形もとくにありません。でも、鋭い感じがしたり、丸みを帯びていたり、渦を巻いていたり、ギザギザしていたり、流れるようなゆるやかな感じがしたりするなど、それぞれに感じ方の違いはあります。

大切なのは、感性を鍛えればだれにでもオーラを見ることができるようになる可能性がある、ということです。

オーラが見えるようになれば、相手の「念」もある程度わかるようになります。

つまり、感性を鍛えて相手の念が読めるようになれば、人に騙されたりすることも少なくなるわけです。

通常、人は外見や表情で相手を判断しがちですが、その裏に隠された念を読み取ることのほうが大事だし、有効なのです。いくら外見の体裁を整えても、念まではごまかせません。念はとても正直なのですから。

2　現代人の波動は低下している

経済活動中心の現代社会では、人の波動は昔よりも低下しています。それは間違いないでしょう。

でも本当の問題は、波動が低下することではありません。波動が低下する（陰の念が増える）と、霊につけ入られやすくなる——より正確には、霊の影響を受けて自分の陰の念を増幅させてしまいやすくなる——ことこそが問題なのです。

それが極限に達すると、精神病や自殺、殺人事件などの引き金になることもあります。

生きている人の陰の念も、死んだ人の陰の念（霊）も、他の人の陰の念と引きあってしまいます。それが集まって大きくなれば、地球にも悪影響を与えます。地球上の多くの人がマイナス思考になったり、精神不安定になったりすれば、それだけ社会に犯罪が増えることになるからです。

ですから陽の念をもつことは、自分にとってだけでなく、地球全体にとっても、次世代の人類にとってもいいことであり、必要なことなのです。

一人ひとりが陽の念をもち、それを地球に遺していくことで、子どもや孫の世代にもよい影響を与え、社会を明るくします。

いつか地球を陽の念で満たし、本当に幸福な未来の地球を手に入れるには、人々が少しでも陽の念をもつこと、あるいはもとうと努力することが大切なのです。簡単なことのようですが、それがいちばんの基本です。

くりかえしますが、同じ性質の念どうしは引きあいます。人々の陽の念が強くなればなるほど、陽の念は引きあって、より強く大きくなり、陰の念の影響を受けにくくなるのです。

3　悪念を良念に転換し、波動を上げる方法

陽の念を強くするには、まず最初に、どんな念をもつことがいいことなのかを知らなければなりません。自分がもっている念が陰であるなら、それを認識し、「これではいけない」「変えなきゃダメだ」と思うことが、悪循環を断ち切る第一歩になるのです。

それは、次のような順番で行われます。

一　念の分類表（九四ページ参照）を眺める。

二　冷静かつ客観的に「今の自分の気持ちは、（表の中の）この陰の念だ」と分析してみる。

三　分析ができたら、「この陰の気持ちを、（表の中の）こちらの陽の念に変えよう」と意識する。

たとえばあなたが受験生で、勉強しなくてはいけないのになかなか集中できない、具体的な目標ももてないというのなら、表の「陰の念」の項目を見れば、「ああ、これは雑念だな」ということがわかるはずです。

実は、あなた自身がそう気づいたなら、その瞬間からもうあなたは、すでに第三者の立場に立っているのです。冷静かつ客観的に自分を見ることができているわけで、陽の念に切り替わるきっかけをつかむことができた、ということです。

次に、表の「陽の念」の項目を見ます。そこで「今、必要なのは『専念』という念だ」と認識します。

さらに、印を結びます。

この場合でしたら、まず自分を冷静にさせる、気持ちをリセットさせるという意味で、苦遠印がいいでしょう（一五九ページ参照）。その後、智拳印を結びます。この印は、気持ちを集中させてくれる印なのです。そして「今から受験勉強に励むことができますように、集中できますように」と心のなかで念じます。

けれども、あまりに陰の念が強い場合には、この表を見ることすらできなくなるおそれがあります。そのようなときには、まずお香を焚いて、冷静さを取り戻すことから始めましょう。よい香りで、陰の念や悪気を祓うのです。

あるいは祝詞（一六二ページ参照）を唱えるのもいいでしょう。

祝詞は、あなたを無心にし、集中させます。たとえ四六時中悩んでいても、祝詞を唱えている瞬間は悩みから離れ、心も冷静になっているのです。それが念を陰から陽に変えるきっかけとなります。

◎〈旭兄弟のスキャニング・カルテより〉夢に出た母が怒っている？

もう何年も前に亡くなったY子さんのお母さんは、霊能者でした。そのためでしょうか、Y子さんも霊的なものに対する感性が鋭く、また、霊に興味もあるのですが、お母さんの仕事に対しては拒絶感をもっていました。

母娘ゆえの反発心からなのか、あるいは親子という似た者同士だからなのか、とにかく、あまり母娘の仲はよくなかったといいます。

ところが最近になって、Y子さんはよく、お母さんの夢を見るようになったそうです。そこでY子さんは、夢のなかのお母さんが、いつもムッとしたような怒ったような顔をしているのがとても気になりはじめました。もしかしたら母は、自分のことを憎んでいたのではないか、と。

私がスキャニングしてみると、陰の念は感じません。それもそもはず、お母さんはY子さんを憎んでいるのではなく、むしろ心配していたのです。そういう念を感じました。生前、娘と意思の疎通が図れなかったことが、心残りだったのでしょう。

そう、Y子さん母娘は本当に仲が悪かったのではなく、お互いに意地を張りあい、反発しあっていただけだったのです。

夢のなかのお母さんが怒っているように見えたのは、「母は私のことを憎んでいたのではないか？」と、常にY子さんが思っていたからです。この自分の陰の念が、夢のなかでの母の顔をそう見せていたわけです。

私は、Y子さんの思いこみを、心の中でお母さんにお詫びする方向に変えていくように指導させていただきました。

「今度夢に出てくるときは、きっとお母さんはいい笑顔になっていますよ」

そうお伝えすると、実際にその通り、次にY子さんの夢に現れたお母さんは、とてもよい笑顔だったそうです。これも、Y子さんが陽の念をもつようになったからなのです。

このように、念のもち方は、夢まで変えてしまいます。

当然、怖い夢、不吉な夢だからといって、悪い知らせばかりとはかぎりません。だれでも「怖い」という陰の気持ちをもっていれば、怖い夢を見てしまいます。でも、気分のいいときにはいい夢を、気分が落ちこんだときには苦しい夢を見るのです。

もしもY子さんに、やさしかったお母さんの顔がインプットされていたのなら、きっとやさしい顔のお母さんの夢を見ることができたはずなのです。

4　食事や幼児教育で念の質も変わる

念の波動を上げるには、食事も大切な要素です。

たとえば、罪を犯して刑務所に入っていた人が、出所後にはまるで人が変わったように更生してしまうことがあります。もちろん所内での厳しい教育の成果もあったことでしょう。でもその背景には、毎日規則正しい生活を送り、バランスのとれた質素な食事を摂りつづけた、ということがあります。こうした生活スタイルで、陰の念が陽に変わることは珍しくありません。もちろん逆のケースもありますから、注意が必要です。

日本人ならば、肉ばかりを食べるのはよくありません。欧米人に比べて腸の長い日本人には、魚や野菜など、腸を汚さない食物のほうが合っているのです。ライオンの餌として、野菜ばかり与えていると性質がおとなしくなって、ウサギに肉を与えていると荒々しくなるというように、食べ物によって性格や性質は大きく変わってくるのです。

もうひとつ、食べ過ぎもよくありません。

私たちがスキャニングをするのも、いつも食前と決まっています。おなかいっぱい食べたあとだと、どうしても感性が鈍ってしまうからです。同様に「念」を入れるときも、食後だとどうしても「念」の入り方が悪いようです。

「お腹が減ると力が出ない」といいますが、本当は逆です。ライオンが狩りをするのは、お腹が減っているとき――つまり、おなかが空いているくらいのほうが、本来の力が出せるのです。昔から「腹八分目」と言われてきたのには、ちゃんと理由があるわけです。

念を陽に変えるには、環境を変えるという方法もあります。

運動したり、山や川など自然の多いところへ行く、早寝早起きなど生活のリズムを調えるのはもちろん、部屋の掃除や片付けをして目に入る環境を整える、などが効果的でしょう。念というのは、つまるところ自分の気持ちですから、それを切り替えるにはまわりの環境から変えていくことが有効なのです。

また運動をしたり、身体を鍛えたりすることも効果的です。身体を動かして汗をかけば爽快な気分になり、ストレス解消にもなるので、陰の念も自然と消えていきます。

人はだれでも、陽の念と陰の念を両方もって生まれてきます。どちらの念を伸ばし、それをどう活かしていくかは、こうした幼いころからの教育や環境、食事の積み重ねにかかっているのです。

「おはようございます」「いただきます」「ごちそうさま」などのあいさつをきちんとする、「ありがとう」「おかげさま」という感謝の気持ちを忘れないようにする、ものや命を大切にする……そういう教育を徹底させるのは当たり前のことですが、それが人間として正しく生きるため、気を向上させ波動を上げるためにには、とても重要な基本となるのです。まして今の時代は、そういうことがおざなりにされてしまっているので、なおさら大切でしょう。

もちろん、大人になり親になってからでも、子どもを教育することはまた、自分自身の再教育にもなるはずです。

5　念＝心のエネルギーを好循環させる

陽の念（良念、プラスの念）を好循環させるには、自分自身の陽の念を常に高めるようにすることです。なぜなら、本書でたびたび書いてきたように、同じ性質の念どうしは互いに引き寄せあう性質があるからです。

「類は友を呼ぶ」という言葉があるように、陽の念は陽の念を呼ぶので、自分が陽の念をもっていれば、まわりにも陽の念をもった人や物が集まってきます。

同じ陽の念をもった人との出会いのチャンスが増えれば、買い物をするときにもよいものを選べるようになるでしょう。すると、それらの陽の念のよい影響を受けて、自分の陽の念もさらに高まります。これこそが、念の好循環の仕組みなのです。

第三部　体験談

——旭兄弟と出会って奇跡の復活をした私たち——

この第三部では、私たち兄弟がご縁をいただき、回復のお手伝いをさせていただいた方々の体験談を掲載させていただきました。

「治ります」の言葉を信じて……

匿名希望

再発を繰り返す夫

夫が悪性リンパ腫と診断されたのは、平成十三年の春のことでした。当時、夫はまだ三十七歳の若さで、しかも身体中のリンパ節に腫瘍ができるこの悪性リンパ腫は、「リンパ節のガン」といわれるものだったのです。

入院して抗ガン剤治療を受けた結果、年末には退院することができたのですが、その半年後に再発、再入院しなければなりませんでした。その秋には退院したもののの、翌年の六月には検査で、またしても「再発の疑いがある」と言われてしまいました。

旭太郎先生の本と出会ったのは、そんなときでした。本には、多くの難病の人の「治った」という体験談が載っていました。「これは何かある」と感じ、すぐに電話で予約を入れると、飛行機で飛んでいったのです。

「必ず治ります！」

太郎先生は、開口一番「必ず治ります！」とおっしゃってくれました。夫の性格もずばりと言い当てられて……病気も、その性格に関係しているのだそうです。ユニークなところがあって、そのために抵抗力が強く、病気があまり進行しない、ということでした。半面、繊細なところや、他人のちょっとした仕草や会話からすべてを察知する能力があるせいで、悪い影響を受けやすくなっている、とも。

太郎先生が夫の頭に手を当てると、だんだん夫の顔がピンク色になってきました。時間はほんの十秒ほどだったと思うのですが、夫はそのとき、「身体中にばーっと力が入ってきて、全身に広がっていったように感じた」と言います。そして「突然体調がよくなった」と。私は、「この方は本物なのだ」と思いました。

サプリメントも処方していただきました。

私は健康食品おたくで、それまでもよいといわれるものは片端から試してみて、それこそ二十種類ほども夫に飲ませるようにしていたのですが、スキャニングしてもらうとそれらは全部効いていないと言われて……。

結局、夫に合ったプロポリスや若葉粉末などを新たに処方してもらい、いつも身につけているペンダントにも、パワーを入れてもらったのです。

病院もスキャニング

実はそのとき、私がいちばん気になっていたのは、「病院を変わったほうがよいのではないか？」ということでした。わずか二年半の間に何度も再発を繰り返していたので、どことなく不安を抱いていたのです。

さっそく、病院の名前でスキャニングしてもらったところ、「淡々と作業をしているという感じですね。状況が悪化するとすぐ逃げる、無責任さのようなものを感じます」という結果が出ました。

「近くには、ほかにどんな病院がありますか？」

そう言われて、いくつかの病院名を挙げたところ、そのなかのある病院に移ったほうがいいとアドバイスをいただき、その通りにしました。すると、とてもよい先生に出会うことができて、夫も納得してくれたのです。

このように、太郎先生の言うとおりにすると、不思議とタイミングがぴったりだったり、何かいいことが起こったりするのです。

「砂入りのベストを着て寝ると、砂が患部に当たっていい」と言われたときも、その二週間前まで、私はミシンをもっていませんでした。でも、たまたま義母に「ミシンを買ってあげるね」と言われて……。「ミシンなんて、どうせ使わないのに……」と思いながら買ってもらったミシンで、夫のベストを縫うことができました。ここにも、何か不思議な力が働いているとしか言いようがありません。

ビワエキスの湿布、生姜汁の温熱療法、半身浴なども太郎先生のご指導どおりに実行しました。もちろん病院の放射線治療も続け、その年の夏には退院、十二月には仕事に復帰できました。

「氏神様が見えます」

　ところがその三か月後、お風呂上がりに突然、夫が倒れたのです。

　いくら名前を呼んでも、まったく反応がありません。とっさに、太郎先生からいただいたお守りを夫の身体に当てて、「助けてください！」と必死に叫びました。

　すると顔色がよくなり、意識も戻ったのです。

　しかも、その年の夏の検査ではまた、「再発の恐れあり」と言われてしまいました。

「太郎先生は『必ず治ります』と断言してくださったのに、なぜ……？」

「本当に治るのだろうか……？」

　私はすっかり弱気になってしまっていたのですが、太郎先生は「大丈夫です。治ると出ていますから。なぐさめではなく、本当に治りますよ」とおっしゃってくださいます。とにかく太郎先生を信じよう、そう思って、先生に言われたことを一日も欠かすことなく実行しつづけました。

　あるとき太郎先生が、こんなことをおっしゃいました。

「ご主人の後ろに、氏神様が見えます。家から歩いて十五分くらいの場所に、氏神様がいらっしゃるでしょう?」

でも、私の記憶にはありません。そうお答えしても、「いや、あるはずです」と断言するのです。

ならば確かめてみようと、家に帰ってから近所を捜し歩きました。すると、見つかったのです。姫塚というところが! 計ってみると、まさに家から歩いて十五分ぴったりの場所でした。それでまた、びっくりです。先生からは、毎日、その氏神様に歩いて参拝するようにと言われました。運動を兼ねてとのことでしたが、夫婦ふたりで毎日、台風の日も欠かさずに通いました。

また、シャチを見に行くと夫のパワーになるし、亡くなった義父(夫の父)の供養にもなると言われ、千葉のシャチのいる水族館まで家族で出掛けたこともあります。

癌が消えて移植も成功

平成十七年の九月――このときの検査では、腫瘍の活動が抑えられていて、まったく活動性が見られなかったので、今のうちに集中的に抗ガン剤治療を行ってしまおうということになりました。

太郎先生はいつも、病院の治療はやめないで続けなさいとおっしゃいますので、先生に言われたことと抗ガン剤治療を並行して続けました。

そして翌十八年一月には、幹細胞移植。夫は頭を丸坊主にして無菌室に入ったのですが、他の患者さんたちよりもはるかに元気そうに見えました。副作用も軽く、移植も無事に終えることができたのです。

その後のCT検査では、完全にガンが消えており、もう大丈夫だと言われました。お陰様で予定よりも早く退院することができました。

夫はいつも、太郎先生にみてもらうと体調が全然違うと言っていました。太郎先生のところに行く前は、少し歩いただけですぐに疲れてしまうような状態だったのに、カウンセリングしてもらったあとは、東京観光ができるほど元気でした。太郎先生の気入れは、即効性だけでなく持続性もあるのですね。

太郎先生を信じてきて、本当によかったと思っています。太郎先生のご指導どおりに実行して、症状がよくなったことはたくさんありますが、悪くなったとか後悔したことは、いままでひとつもないのですから。

温かい気で私も猫も快復

川井絹子さん

整体も電気鍼もダメだったのに

昔、私は農家の仕事をしていたのですが、無理を重ねたために首を脱臼してしまいました。その後遺症なのか、疲れがたまると首が熱をもってきて、回らなくなってしまうのです。重症のむち打ち症、という感じでしょうか。腰痛もあって、坐っている姿勢から立ち上がるのがとてもたいへんでした。

整体に通っても楽になるのは一時的で、すぐにまたもとに戻ってしまいます。整体の先生からは、「これは整体では治らない」と、電気鍼を薦められましたが、それもやはり一時的な効果しかありませんでした。

そんな状態が五～六年も続いたころのことです。知り合いの方から、「こういう人がいるよ」と紹介していただいたのが、旭大助先生でした。最初は「気や念で治るなんて本当かしら？」と疑う気持ちもあったのですが、紹介してくれたのが私がとても信用している方だったので、行ってみようという気持ちになりました。

大助先生に気を入れていただくと、とても気持ちがよくて……それと、温かな感じもしました。何度か気を入れていただくうちに、身体が軽くなっていくのがよくわかりました。首も普通に動かせるようになりましたし、腰も楽になりました。もう病院に行かなくていいなんて、ウソみたいです。本当に不思議ですね。

猫にも気入れしてくれた

実は、私だけでなくうちの猫のコロちゃんも、大助先生に治していただきました。コロちゃんは、娘が子猫のときに拾ってきた猫でした。

ところが、抱いていたときにうっかり床に落としてしまったんです。ぐったりとしたコロちゃんを病院に連れていくと、栄養失調気味で骨がもろくなっていて、背骨が折れてしまったということでした。市販のエサはよくないと聞いたので、ミルクをあげたりしていたのですが……それがいけなかったのでしょうか。

病院では「もう歩けないでしょう」と言われました。食べたり飲んだりすることも、うんちやおしっこの排泄も、自分ではできなくなってしまったので、しばらく入院することになりました。

大助先生にコロちゃんのことを話してみると、「じゃあ、ちょっとやってみましょう」とおっしゃってくださいました。コロちゃんを籠に入れて連れていくと、手を当てて気を入れてくれたのです。まるで人間と同じように。

何回かやっていただくと、驚いたことに、足を少しひきずりながらではありますが、歩けるようになったんです。おしっこも自分でできるようになりました。大助先生も、歩けないと言われたコロちゃんが歩けるようになって、びっくりなさっていました。

気とか念というものには無縁だと思っていた私ですが、今では大助先生に巡り会えて、本当によかったと思っています。

だれにも言えない苦しみから解放された

匿名希望

大きな光が見えた

初めて旭太郎先生にお会いしたとき、先生の身体から光が出ていて、まるでシャボン玉のなかにいるように見えたのに、驚かされました。

実は私は、小さいころから人のまわりに光が見えていました。でもずっと視力のせいにしてきて、意識して見るようになったのは、つい最近のことでした。太郎先生のまわりに見えた光は、とても大きかったです。他にも私は、普通の人には見えないものが見えたり感じたりするので、ずいぶんと苦しい思いもしてきました。

最初、太郎先生に教えていただいた祝詞を読んで目を閉じると、袴をはいてニコニコしたかわいい男の子が、手を合わせてお辞儀をしてくれました。太郎先生にお話しすると、先生の先祖代々の流派の方だろうということでした。

太郎先生は、私が見えたものに答えてくれた初めての方でした。それまでだれにも言えなかったことをわかってくれる方に出会えた驚きと嬉しさに、胸がいっぱいになったことを覚えています。

恐怖が感謝に変わった

金縛りや正夢のほか、ぞっとする気配や声を感じることも多かったのですが、太郎先生とお会いして以来、恐い思いをすることは減りました。先生を通じて、見えないものに守られるようになったのでしょうか。

正夢といっても、楽しい夢ばかりではなく悲しい夢、苦しい夢などもあります。夢のすべてが現実になるというわけではありませんから、「いったい、どれが現実になるのだろう」と思うと眠るのが恐ろしく、夢を見るとすっかり疲れ切ってしまうこともしばしばでした。

けれども太郎先生にお会いするうちに、受け止め方が変わってきました。今ではむしろ前向きに、「前もって心の準備をさせていただいているんだ」と感謝することができるようになったのです。

力強く念と戦ってくれた

以前、ある人の陰の念を受けてしまったことがあります。太郎先生は気を入れてくださり、神社へ行って力を貸していただくようにと、アドバイスしてくださいました。

ところが翌日、神社へ行こうとしたところ、突然の腹痛に襲われたのです。首が異常に震えだし、身体が熱くなりました。苦しまぎれにうなり声のような低い声が出るのですが、それが気持ちよく感じられるので、これはおかしいと思いました。

苦しくて苦しくて、気を失わないよう、木に手を打ちつけてなんとかしのいでいました。電話で太郎先生に助けを求めると、「安心してください。僕は負けません」と力強いお言葉をいただき、そのとおり、異常な状態は間もなく去り、私はいつの間にかすーっと眠り込んでしまったのです。

本当にこんなことは、他のだれにも言えません。でも唯一、太郎先生に相談することで、どんどん心が解放されていきました。

人柄と同じあったかい気

私は、大助先生にもお世話になっています。大助先生のアドバイスは必ず現実のものになります。「のどに気をつけてください」と言われた数日後には、扁桃腺が腫れるというように……。

膝に水がたまったときには、足がしっかりと踏みだせなくなってしまいました。でも、気を入れていただいたところ、帰りにはもう治っていて、びっくりしたこともあります。

気を入れてもらうと血流がよくなるのでしょうか、汗が噴きだして、全身が温かくなったこともあります。大助先生の気はとてもやさしく温かい感じで、そこにもお人柄が出ているのだなと思います。

太郎先生も大助先生も、「治してあげたい」という一心で頑張っていらっしゃいます。おふたりに出会えて本当によかった、と心から思います。

医者に行かずに腰も膝も快癒

井上洋子さん

今、パワーが入ってる！

私は以前、置屋をやっていて、自分もお座敷に出ていました。ところが膝を痛めてしまったので、お店はやめてしまいました。膝だけでなく、腰や足なども悪かったのです。病院の整形外科や鍼灸、整体などいろいろ試してみたのですが、一時的にはいいかなと思っても、またすぐにもとに戻ってしまい、なかなかよくなりませんでした。

以前、悩みごとの相談で旭太郎先生にお世話になったことがあったのでご相談すると、弟の大助先生を紹介してくださいました。大助先生に気を入れていただいたら、腰も膝もずいぶん楽になりました。週に二～三回だったでしょうか、それを二か月くらい続けたら、ほとんどよくなってしまったのです。医者に行ってもまるでよくならなかったのに……。

ところが今度は、うっかりお風呂場で転んで膝をついてしまいました。「膝に気をつけてください」と大助先生に言われていたのに、私の失敗です。内出血して腫れてしまったのですが、「触らないように」と言われたとおりにして、その後、気を入れてもらったところ、医者にも行かずに治りました。

気を入れるとき、先生は手をかざしてくれるのですが、じわじわと温かくなる感じがして、「今、パワーが入っていってる!」とわかります。

初めて大助先生にお会いしたとき、ひと目見て「何かが違う」と感じました。目が違うんです。特別な何かをもったすばらしい人だと思いました。

息子のアトピーが半年で改善

佐田かおりさん

顔を見た瞬間に信頼関係が

二年前の秋、生後十か月だった息子のアトピーを治したくて、旭太郎先生を訪ねました。病院にも行っていたのですが、ステロイド系の薬品を処方されるだけで、あまり信用できないと感じていたのです。

私はもともと、スピリチュアルなことに興味をもっていました。それもあって、友人が貸してくれた本に太郎先生が紹介されているのを見て、行ってみることに決めたのです。

息子は生後三か月くらいのころからアトピーの症状が出ていました。卵と大豆のアレルギーだと言われ、摂らせないようにしていたのですが、地図の模様のような赤っぽい湿疹が消えませんでした。

かゆみのためでしょう。夜中に何度も何度も目を覚まします。私はかなり思い詰めてしまっていました。「この子の人生はどうなってしまうのだろう」――と。

でも、太郎先生の本を読んだとき、「絶対に大丈夫！」と直感的に思ったのです。太郎先生も、初対面のときから、きっぱりと「治ります」とおっしゃってくださいました。私はそのひと言ですっかり舞い上がってしまったのですが、実はその前に、お顔を拝見した瞬間からもう先生のことを信頼していました。とても丁寧で謙虚な方だと思いましたから。

病気知らずの丈夫な身体に

スキャニングしていただくと、「卵や大豆は、直接の原因ではない」とのこと。それらに反応はするけれど、胃腸の機能が低下しているのが原因とのことでした。息子は幼いながらも神経質で、その場の空気を敏感に察知して気を遣うので、疲れやすいのだそうです。胃腸機能の低下から血液も汚れてしまっているので、まず胃腸機能を回復させましょう、と次のようなメニューを示してくださいました。

一　毎日朝晩、りんごと人参を皮ごとすりおろしたものをお猪口に一杯以上、飲ませる。
二　プロポリスのシャンプーとリンスを使う。
三　納豆石けんで身体を洗う。
四　太郎先生のつくったクリームを朝晩塗る。
五　大高酵素の入浴剤を使う。
六　よく笑わせる（ストレス解消のため）。

これらを実践しつづけたところ、「よくなるのには、最低でも一年はかかります」と言われていたのに、半年くらいで肌がきれいになってきました。また、二歳を過ぎたころからは、夜中でも起きなくなりました。

もちろん、もしかしたらアトピーのせいだけではなく、年齢的なものもあったのかもしれません。ともあれ、今では卵も火を通したものなら食べられるようになっています。大豆も、豆腐や豆乳を摂りすぎなければ大丈夫です。病院には、その後一回も行っていません。風邪もひかないし、薬も飲ませたくないのです。

太郎先生も、「病気に負けないような身体をつくっていきましょう」と言ってくださるので、太郎先生のメニューを続けています。

アパートの住人も言い当てた

私たちはいつも、親子三人で太郎先生のところへお伺いしています。でも夫は最初、半信半疑でした。

あるとき、太郎先生が私に「運動不足ですね。放っておいたら子宮筋腫になりますよ」とおっしゃいました。「あなたの家から歩いて十分くらいのところに神社があるから、毎日、そこまで散歩するといいでしょう」と。でもそのとき私は、「そんなところに神社なんてあったかしら?」と思いました。

ところが帰って調べてみると、本当にあったんです! 家から歩いて十分のところに。そのとき以来、夫もすっかり太郎先生を信用するようになりました。今では「年に一度は太郎先生のところに行きたいな」と言うくらいです。

太郎先生だけでなく、弟の大助先生にもお世話になっています。

先日、大助先生に「あなたたちの住んでいる（アパートの）土地にすごい湿気、悪い気を感じる」と言われました。このごろ夫の身体が疲れているのは、そのせいもあるのではないかというのです。

夫は最近職場で異動があり、夜勤のある部署に変わりました。生活のリズムが一変したせいで、悪い気の影響を受けやすくなったのかもしれません。そのままにしておくと、ラップ音が聞こえたりするようになるかもしれない、と言われ、結界を張ってもらうことにしました。それ以来、夫のイライラが減ったような気がします。

私たちのアパートをスキャニングしてもらったときのことです。大助先生は「隣か下の部屋に、ヒステリックな感じの年配の女性がいませんか」とおっしゃいました。確かになな下の部屋に、すごくうるさいおばさんがいるんです。

もちろん大助先生は、私たちのアパートにきたことはありませんし、そういう話をしたこともありません。それなのになぜ、そんなことまでわかってしまうのだろうと、とても驚きました。

そろそろ新しい家を考えようと思っているのですが、そのときも、もちろん太郎先生や大助先生に相談するつもりです。

「やればできる」自信をくれた

Y・Cさん

この人なら助けてくれる

私は十九歳のころから生理が止まり、すぐにお腹が張る、便秘になるなど、腸の調子もよくありませんでした。病院に行っても薬を飲んでもダメです。精神内科にも行ってみましたが、精神安定剤を出されただけで何も変わりませんでした。

そんなとき、知人に太郎先生のところに連れていかれたのです。

本当はいやいや行ったので、太郎先生に「そんなの、すぐに治るよ。大丈夫、大丈夫。僕が絶対に治してあげる」と言われたときでも、「絶対なんて、ないはずです」と言い返してしまいました。それでも、太郎先生は「僕の言うことを聞けば、絶対治るから」とおっしゃいます。

どうしてこの人は、こんなに自信をもって言えるのだろう、と不思議に思いました。でも、あまりにも確信をもっている様子に、「それなら治してもらおうじゃない」という気になったのです。

そのころ、私は精神的にも弱っていました。このままでは子どもを産むどころか、結婚すらできない、と思いこんでいたのです。

そんなところへ、生理もちゃんとくるし、結婚もできる。子供も産める。何にも問題ない！」と言われて、思わず涙が溢れてしまいました。

「この人なら私を助けてくれる」――と。

ご飯が食べられるように

まずは体力をつけるようにと、スキャニングの結果から私のためのプログラムを組んでくださいました。

一　毎日、プールで泳ぐ。

二　自転車に乗る。

三　毎朝、栄養食品とオレンジジュースを摂る。

四　ストレッチ体操をする。

五　宿便を出す。

当時、私はガリガリに痩せていて、体重も三十八キロくらいしかありませんでした。以前、拒食症になって以来、身体が食べ物を受けつけなくなっていたのです。だからまずは身体の基礎をつくるのが大事だ、と言われました。

実際に体力作りを始めてみると、だんだんプールに行ったり、体操をしたりすることが楽しみになってきました。身体を動かすからお腹も空いて、ご飯も食べられるようになりました。筋肉や体力もついてきて、体重は三十八キロから四十五キロに増えました。

もともと運動は大好きだったのに、体調を崩して運動する気力もなくしていたんだと気づきました。太郎先生は、そのきっかけをつくってくださったのです。

諦めていた結婚、出産

一度、太郎先生のところに彼を連れていったことがあるのですが、先生は彼を「だんなさん」と呼んだのです。先生ったら勘違いしているわ、まだ結婚もしていないのに、と思ってそう言うと、「もちろんわかってるよ」とおっしゃいます。「でもこのだんなさんの支えがないと、Cちゃんは絶対頑張れないから。これからはいつも二人一緒にきなさい」――と。今はその彼と結婚して、子どもも生まれました。結婚も子どももあきらめていたはずなのに……。

私はすぐに考えこんでしまうタイプで、何をするにも自分に自信がもてませんでした。でも太郎先生が、やればできるんだという自信を与えてくれたのです。先生に「やってみてごらん」と言われると、「やってみようかな」という気持ちになりましたから。

私はすごい悪運の持ち主で（笑）、これまでは悪いことばかりだったのですが、このごろはとてもいい方向に向かってきていると感じています。それなりに山も谷もありましたが、乗り越えることができました。今は、平凡だけど幸せです。

ストレスも病も気で癒してくれた

S・Yさん

夫の暴力で胃潰瘍に

私は、ストレスから胃潰瘍になってしまい、病院に行っても治りませんでした。原因は、お酒を飲むと暴力を振るう夫でした。私だけでなく、愛犬まで物が食べられなくなってしまったのです。このままでは、心身ともにおかしくなってしまう……そんな私を見かねた友人が、旭大助さんを紹介してくれたのです。

最初は不安もありましたが、ほかにどうすればいいのかもわからず、とにかく行ってみることにしました。すると、初めて大助さんにお会いしたのに、なぜか以前から知っていたような気がしたのです。不安な気持ちも、お会いした瞬間に消えてしまいました。温かい感じがして、笑顔が素敵、という印象でした。

気を入れてもらうと、胃の状態はだんだんよくなってきました。大助さんのアドバイス通り、犬を連れて夫とは別居し、生活も落ち着きました。先日の検査では、潰瘍が見えないくらい小さくなっていると言われました。精神的な悩みも、話を聞いていただき、いろいろとアドバイスしていただくと、本当に楽になっていきます。

食欲がなかった愛犬も、大助さんに気を入れてもらったら、よく食べるようになって、すっかり元気になりました。

私はそのころ四十肩もあって、右腕が上がらずに不便な思いをしていたのですが、気を入れてもらったらすぐ腕が上がるようになりました。不思議です。気を入れてもらった瞬間、肩が温かいような感じがしました。

大助さんにお会いするまで、気で病気が治るなどということは信じていなかったのですが、今ではもちろん信じています。

兄弟そろって予言者!?

伊藤まみえ

性格も霊視してアドバイス

一冊の本が、私たち夫婦と旭太郎先生を引き合わせてくださいました。それが『ある医師の遺言　奇跡を呼ぶ霊視の威力』という本でした。

「この先生に、私たちに子どもが授かるかどうか聞いてみたい……」

それは勇気のいることでしたが、太郎先生に「できます」と言われて、嬉しさと安堵感でいっぱいになりました。それから数々のプロセスを経て、今はラストスパートをかけているところです。

太郎先生は、私たち夫婦の性格を霊視し、十分に理解したうえで、それぞれに合った指導をしてくださいます。私には前向きになるような言葉を根気よくかけてくれますし、夫にはときに厳しく、でも必ずフォローの誉め言葉を忘れません。

やる気を引きだしてくれるのです。ご自身が空手を極めていらっしゃるから、人の育て方のコツをつかんでいらっしゃるのでしょうか。まるでスポーツチームの監督さんのようです。

太郎先生は、どんなときでもベストを尽くしてくださいます。私の母が進行性の大腸ガンとわかったときも、いろいろとアドバイスしていただきました。本人には内緒にしていたのですが、手術後、再発や転移予防のためにはどんなサプリメントがよいかなどを教えていただき、母に飲んでもらうようにしました。ご祈祷もしていただきました。

それらのおかげでしょうか、抗ガン剤を服用しても、副作用はほとんどありませんでした。あれから三年半が経ちましたが、母は再発や転移もなく、毎日元気に野菜や花を育てています。

私も母も、太郎先生にプロポリスがいいと言われて飲んでいるのですが、なぜか母には粒状のもの、私には液状のものが薦められました。母と私とでは、効くプロポリスが違うようなのです。こんなふうに、霊視ならではのきめ細かいアドバイスをしてくださいます。

自覚症状のない病気を発見

夫もスピリチュアルな世界があることを確信しているので、太郎先生をとても信頼しています。

実は夫は、太郎先生から毎月眼科に検診に行くように言われていたのですが、忙しいこともあり、半年に一度くらいしか行っていませんでした。とくに悪いところもなく、眼科医にも「半年に一度くらいでよいですよ」と言われていたので、毎月行くほどではないと思っていたのです

ところが、太郎先生に改めて「眼科には、毎月検診に行ってくださいね」と言われたので、念のために検査をしに行きました。すると黄斑変性症という、視野にぽっかり穴が開いてしまい、失明に至ることもある怖い病気にかかっていることが判明したのです。

大きな病院に行ったほうがいいといわれ、病院の名も挙げてもらいました。病

院を選ぶことはとても大切だと思うので、今では歯医者に行くときも、どの病院に行くのがいいのか、先生にみてもらっています。高額なものを購入するときにも、太郎先生に相談させていただいています。

夫婦の危機も円満解決

弟の大助先生には、夫婦最大の危機を救っていただきました。将来のことについて、ふたりで意見が食い違ってしまったのです。大助先生にご相談すると、「ご主人はそうおっしゃったかもしれませんが、本心は違うと思います」と言われて、驚きました。十年一緒にいても、私には夫の本音がわからなかったのですね。

「大助先生がこうおっしゃっていたけど、本当なの？」

夫に聞くと、大助先生のおっしゃったとおりだったのです。大助先生の助言のおかげで、ふたりの関係もこじれることなく、その後の太郎先生のご指導もあって、この件は円満に解決できました。

また、資格試験を受ける前日に大助先生に気を入れていただいて、合格できたこともあります。夫も何回か気を入れていただいたら、ずいぶん前向きになりました。でも、私に気を入れてもらうだけで夫もよくなるので、大助先生の気はかなりパワフルなのだと思います。それに遠くからでも届きます。

大助先生に「足のケガに注意してください」と言われた数日後のことです。右足の甲に、本が落ちてきました。大助先生に言われたことを思いだして、痛かったのに笑ってしまいました。「もっと重い本だったら、骨折していたところでしたよ」と整骨院の先生に言われたので、大助先生には大難を小難にする力があるのかもしれません。

とにかく、先生方は私に大切なことを思いださせてくださいました。夫がそばにいるのが当たり前になってしまっていたのですが、もっと大切にしなくてはいけない、とか……。

ひとりっ子の私には、仲のよい旭兄弟は永遠の憧れです。おふたりの力で、今後もたくさんの方々が幸せになりますように。

自殺願望のあった私を変えた

荻原千春さん

ダイエットで前向きに

旭太郎先生と最初にお会いしたのは、仕事関係の飲み会の席でのことでした。勤め先の社長が、太郎先生と知り合いだったのです。初対面なのに、私の過去のことをズバリ言い当てられて、びっくりしました。心を読まれているのだろうかと思ったほどです。

実は、私は以前精神を病んでいたことがありました。自暴自棄になって薬を多量に飲み、自殺未遂をしたこと、自殺願望をもっていることも指摘され、とても驚きました。

そのころは人間関係に悩み、仕事もハードスケジュールで心身ともに限界だったのですが、「この人ならば力になってくれるかもしれない」と思いました。そんな自分を変えたい、と思っていたときだったのです。

太郎先生に相談してみると、ダイエットをするように言われました。そんな簡単なことでいいのかな、と思いましたが、渡されたカリキュラムを実行することにしました。

一　朝食を食べない。
二　一日二リットルの水分を摂る。
三　昼食と夕食はいつも通り。

たったこれだけで、そのほかの食事制限などは何もありませんでした。身体が慣れてくると、これに軽めのストレッチが加わりました。朝食はもともと食べないことも多かったたし、どれも簡単なものだったので、続けるのは苦になりませんでした。

すると、半年くらいで効果が表れてきました。体重は十キロくらい減り、メンタルな面も変わってきました。以前は、何に対しても前向きに考えることができなかったのですが、自然とものごとに前向きな姿勢で取り組めるようになってきたのです。仕事も順調にいくようになりました。簡単なダイエットをしただけなのに、自分の内面まで変わってきたことが、本当に不思議でした。

あとになって太郎先生に聞いたのですが、このカリキュラムには、精神的な部分を鍛える意味もこめてあったのだそうです。

本気で叱ってくれる「親友」

太郎先生は、ふだんはとてもやさしい方なのですが、一度、ものすごい剣幕で「恥を知れ！」と怒られたことがあります。おそらく私の優柔不断さや、すぐにあきらめてしまう性格、つい言い訳してしまう弱い心のことを、叱ってくれたのだと思います。

そのときには、こんなに本気で私を叱ってくれる人がいるなんて、とありがたさに思わず涙が出てしまいました。親にもこんなに真剣に怒られたことはないというほど怒ってくださって、かえって信頼の気持ちを強くしました。これはもう、太郎先生についていくしかない、と改めて強く思いました。こういう方がいてくれることは、自分の宝です。

その後、妻になる女性とも出会うことができ、一緒に相談に行ったりもしました。太郎先生は最初に彼女を見たときから、私たちが一緒になることがわかっていたのだそうです。これもあとから聞きました。今は結婚もし、子どもも生まれて、とても幸せです。

太郎先生に会えたことは、本当にご縁だと思います。「相談者は親友」と言ってくださる太郎先生。そのお言葉通り、今も半年に一度は必ず伺わせていただいています。

おわりに
──念の存在と実態を知って、よい人生を！──

最後に、繰り返し申し上げさせていただきますが──。

霊や霊現象を恐れる必要はありません。恐れの気持ちは陰の念ですから、恐れを抱くとマイナス思考の悪循環に陥ってしまいます。恐れずに、まずは冷静になることです。

陰の念の存在を知り、その性質を理解すれば、陰の念の悪循環を断ち切って陽の念に変えることができます。陽の念が増えれば、人生が楽しく幸せなものになります。

それだけではありません。念は次世代の人にも継承されていきますから、今の自分の念をよりよい方向に高めることは、未来の人たちのためにもなります。陽の念をもつように努めることは、自分自身はもちろん、社会全体の幸せにもつながるのです。

旭兄弟プロフィール

旭太郎

旭太郎　旭大助——長野県上田市出身

私（太郎）も大助も、生まれたときから他の子どもたちとは少し違っていました。だれもいない方向を見て笑ったり、何もないのに怯えたりすることがよくあったのです。

小学校に入ると、友達も増えましたが、私（太郎）と同じような能力をもつ子はどこにもいなかったため、常に孤独を感じていました。両親は理解してくれるのですが、子どもの世界では孤独なままだったのです。しかも、幼い私にはまだ霊や念というものが理解できず、ただ怖がることしかできませんでした。

そんな私が、孤独感を払拭することができたのは、中学生になったときでした。八歳年下の弟、大助が四歳になり、自己表現をするようになったのです。その彼が私に、霊や念の影響を受けて怖かったと訴えるのです。私は孤独だった自分の子どものころを思い、弟はぜひ、自分が助けなければ、弟のためにも戦わなければ、と決意しました。

今でも忘れられないのですが、そう決意した瞬間、不思議なくらい恐怖心や孤独感がなくなったのです。それ以来、霊や念を感じても、ほとんどと言ってもいいくらい、気にならなくなりました。

きっと、弟を助けなければと思う気持ちが強い陽の念となって、私の心に潜んでいた恐怖の陰の念を取り払ったのだ——幼いながらも、そう理解できました。

また、正直なところ、大助はいいな、と思ったことも事実です。

自分が大助と同じ歳のころは、子どもの世界にはだれも理解者がおらず、常に恐怖と孤独を感じていました。でも大助は、私がいることでそれが当たり前のように理解でき、口で騒ぐほどは怖くなかったというのですから。

まさに、長男は損だという言葉はこのことだ、と思ったものです。

高校卒業後は空手の道を求め、大阪の道場に入門し、寝食を忘れて修行に没頭する日々を過していました。もちろんその間も、常に霊や念の存在を感じていましたが、気にもならず無視していたのです。

ところが二十三歳のときです。

突然、両足に痛みを感じ、ズボンも履けないくらい腫れあがってしまったのです。見ると、痣が左足全体に広がり、歩くことはおろか動かすことさえできません。

病院での検査結果は――壊疽で、左足を切断しなければならないという、悲惨なものでした。人生で、このときほど「死にたい」と思ったことはありません。

絶望感から、呆然と病室のベッドに横たわっていると、亡くなったお爺ちゃん、お婆ちゃん、亡くなった高校の友人、子どものころに八幡宮で頭を撫ぜてくれた女の人（霊か神様だと思います）が、突然目の前に現れ、私の進むべき道を示してくれました。

いや、示すというよりも、感じたといったほうが正確です。

でも、その世界というのは、実は自分がもっともやりたくない仕事でした。なので「冗談じゃない！」と思ったのですが、その瞬間、全員が怒ったような怖い顔をしたのです。私は思わず、「はい、やります」と答えていました。

そのときはそのまま眠ってしまいました。翌朝、眼が覚めても、昨晩の出来事は痛み止めの薬のせいなのか、それとも現実のことなのか、判断はできませんでした。

ところが、ふと枕元を見ると、旅行好きのお爺ちゃんのＪＣＢカードが置いてありました。

「あ、夢じゃなかったんだ」――そう直感しました。

念のために両親にも確認しましたが、そんなカードを置いてきた覚えはない、との答えでした。いえ、もしも両親のいずれかが、念の力により無意識に枕元に置いたものだとしても、それは結局、夕べのことが夢ではなかった「証」なのだ。そう理解したのです。

いずれにしても、片足を切断すれば、空手を続けることは不可能です。ならばこれも天命だと、それに従う決心をしたのです。

正直なところ、いまから思えば不謹慎な動機かもしれません。でも、当時はそれが精一杯の決断でした。

すると――驚いたことに足の痛みと腫れが少しずつ緩和されはじめ、五日後にはなんと、すっかり治ってしまったのです。

担当の医師は父の友人だったので、不思議な世界についてもある程度は理解してくれていました。でも、さすがにこれには驚きを隠せなかったようです。

私は、この日を契機に「旭太郎」として活動を始めたのです。

不思議なことに、弟の大助も、私とまったく同じ道を歩むことになります。

高校卒業後、彼も私が学んだ大阪の空手道場に入門し、修行に没頭していました。

弟は私と比べると生真面目で努力家だったので、一日も休むことなく修行に精進していました。二年もたったころには、試合で蹴りを相手の顔面にヒットさせて、ノックアウトしてしまうほど強くなったそうです。好成績をあげた弟は、喜んで私に電話してきました。

「兄ちゃんのできなかったぶんまで、俺が空手で大成して、道場を開く。それが目標だ」

ずいぶんと、ご機嫌の様子でした。

しかし、まさにその夜、弟もまた両足が腫れはじめ、数年前に私が経験したのと同じ症状になってしまったのです。

壊疽までは起こしませんでしたが、医師の診断はやはり、「空手を続行することは不可能」——弟にとっては、なんとも残酷な診断結果でした。

私はそのとき、「弟も私と同じ道を歩むんだ。これは天命なんだ」と直感しましたが、失意に打ちひしがれる彼に伝えることなどできませんでした。その後、弟は私の仕事を手伝いながら、それでも空手への復帰を目指して、日々体を鍛えていたのです。

二〇〇二年八月のことです。

原因不明の高熱を出して、意識を朦朧とさせていた私に、どこからか不思議な心地よい香りが漂い、金色の光が降りそそいできました。そして私の頭のなかに、こんな言葉が響いたのです。

「四年後、大助の扉が開く……」

私が弟の大助に、初めて「天命」を伝えたのは、そのときです。大助も小さいころから人には見えないものが見え、感じることのできないことを感じていたので、何の抵抗もなく自分の運命を理解したようです。

その言葉どおり、四年後、二十四歳になった大助の扉は開かれました。

そして、私以上の能力を備えたヒーラーとしての新たな人生が始まり、現在に至っているのです。

下関係や人間世界のような規律があると説明しています。

しかし、本音をいえば、「ほっといてくれ、死んでからも勉強や試練などしたくない。自由にしてくれ」不謹慎かもしれませんが、これが多くの人の思いです。

また、残された家族も、「なにも心配することなく安心して楽しく、自由にすごしてほしい」と思っているでしょう。そんな願いや思いが、この歌詞には込められているのです。

しかし、この願いや思いは、現実ではなく願望なのでしょうか？　そうではありません。これこそが、真の死後の世界なのです。真実は心に響きます。ですから多くの人が感動し賞賛し大ヒットしたことは至極当然のことと思います。

それでは、すべての人の、死後の世界がそうなのでしょうか？

人の心には「陰」と「陽」が存在しています。陽の心が勝る人のみが行ける世界なのです。つまり、現世で「陽の心」を持つことが「千の風」になれるのです。

この混迷の時代だからこそ知ってほしい、
現代人に必須な《霊の本質》の基礎知識！
乞うご期待！

次作予告

なぜ、「千の風」が大ヒットしたのか？

——旭兄弟が語る、本当の死後の世界——

旭大助（旭兄弟）＝著

2008年5月刊行予定（価格未定）

「千の風になって」の歌を初めて耳にしたとき、おおきな感動と、爽やかな「陽の念」を強く感じました。いままで、数多くの音楽や歌を聴き、心の高揚や安らぎを覚えましたが、爽やかな陽の念を感じたのは初めてのことです。

もちろん、秋川雅史さんの、素晴らしい魂がこめられた歌声にも、爽やかな想いを感じたことはいうまでもありませんが、その歌詞に、自由で清々しい爽やかな念を感じたのです。

どんな人でも、この世で生きているとき、いわゆる人生のなかで、辛く悲しい思いや苦しい思いを体験しています。

人は誰でも、この世の終焉を迎えたとき、人間関係やお金や仕事に縛られることなく、上下関係もなく、自由に爽やかに、あの世ですごせることが願いです。

この歌詞には、その願いがこめられています。

人が亡くなった時、仏教の教えでは、四十九日間、菩薩様、観音様に教えを受けて極楽浄土に行きます。神道の教えでは、御霊は御祖の霊神と霊界に行き、累代の祖霊舎に鎮際されて、一家の守護神となります。それぞれ現世での行いを律する素晴らしい教えです。また、霊能者の多くは、死後も厳しい上

ＳＨＰのご案内

私たちＳＨＰでは、人間に本来備わっている《治癒力・再生力》を活性化させることで、心と体の快復をお手伝いさせていただいております。
心身の病気をはじめ、原因不明の異常など、お一人で悩まず、まずはご相談いただければと思います。

事務局（お問い合せ・ご予約はこちらへお願いいたします）
長野県上田市大手２丁目４番50号
ＴＥＬ：0268-25-4803
ＦＡＸ：0268-23-3824

ＳＨＰ　旭兄弟　Consult room
東京都中央区京橋２丁目８番21号　金鳳堂ビル４Ｆ
ホームページ：http://www.shpower.co.jp

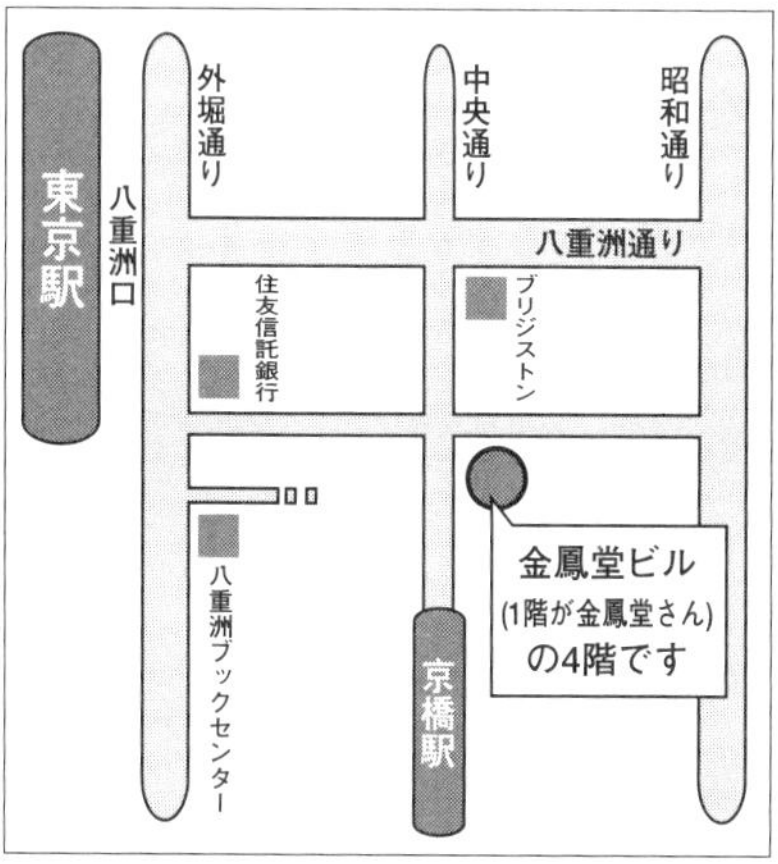

交通：ＪＲ・地下鉄　東京駅より徒歩５分
地下鉄　京橋駅より徒歩１分

なぜ、旭兄弟と出会うと、奇跡が起きるのか？

2008年2月20日　初版発行

著　　者　牧内美智代・旭大助（旭兄弟）

装　　幀　浅葉未渚（cueworks, inc.）

写真撮影　浅葉未渚＋濱田佑子（cueworks, inc.）

発 行 者　高橋　秀和

発 行 所　今日《こんにち》の話《わ》題《だい》社《しゃ》
東京都品川区上大崎 2-13-35　ニューフジビル 2F
TEL 03-3442-9205　FAX 03-3444-9439

用　　紙　富士川洋紙店
印　　刷　シナノ
製　　本　難波製本

ISBN978-4-87565-581-7　C0011